建築家のための
ウェブ発信講義

アーキテクチャーフォト・後藤連平　著

学芸出版社

はじめに　建築家がウェブで発信することの可能性

「このホームページを、このように改良したら良さがもっと伝わるのに」

「この切り口で情報を発信すれば、もっと社会で注目を集めるだろうな」

インターネットが普及し、大多数の建築家が情報発信のためにウェブを活用する時代になりました。日本中・世界中の建築家がホームページやTwitter、InstagramなどのＳＮＳを活用して、自身の作品や考え方を広く届けようと試みています。私は建築系ウェブメディア「アーキテクチャーフォト（http://architecturephoto.net）」を立ち上げてから10年間×３６５日、毎日彼らの発信を見てきました。

その経験の中で気づいたのは、自身の建築家としての「良い部分」を客観的に理解して、それを「適切な方法」でウェブ発信できている方はそう多くない、という事実でした。

それと同時に思ったのです。

アーキテクチャーフォトの運営で培ったウェブ発信の考え方・方法論の中には、建築家の皆さんそれぞれのウェブ発信においても役立つものがたくさんあるはずだと。

architecturephoto.net　new media for architecture , art , design and culture　home　photo　rss　about　contact　Select Category

about「アーキテクチャーフォトについて」（トップ ＞ news ＞ feature ＞ 記事 ）

Photo at random

about「アーキテクチャーフォトについて」

feature

※弊サイトでは、お写真・画像につきましては、撮影者様・画像制作者様の権利を尊重させていただくため、著作権法に関わる無断転載を行わないように努めております。
掲載させていただいている作品のお写真は設計者様・制作者様等とメール等でのやり取りを行わせていただき、弊サイト掲載の許可を頂けたものだけをご紹介させていただいております。
「無断転載を行わない。」それは、簡単に画像がコピーできる現代という時代においても、作品を制作されている方々への最低限の礼儀だと考えているためです。

■サイトの運営理念・コンセプト

「建築と社会の関係を視覚化する」メディア、アーキテクチャーフォト

弊サイト「architecturephoto.net(アーキテクチャーフォト・ネット)」は、**「建築と社会の関係を視覚化する」**をコンセプトに、歴史的な視点、理論的な視点、実務的な視点、社会的な視点、経営的な視点など、複眼的な価値観で、建築についての情報を提供していきたいと考えています。

私が、学生時代に読んだ印象深いインタビューがあります。それは「墓地」の研究者の方のインタビューでした。その方は、旅行する際、必ず、その都市の中の墓地の位置を調べるのだそうです。その方曰く「墓地の位置を知ることでその都市を理解できる」とのことでした。
当初は、この言葉の意味を全く理解できませんでした。
しかし、長く考え続ける中で、墓地の研究者が語った事は「その道のプロフェッショナルは自身の専門分野を通して、世界を見て、理解する」ということではないだろうか、、。と思うようになりました。

つまり、「建築」を生業とする我々は、常に「建築を通して、社会を見て、理解している」のではないでしょうか。
アーキテクチャーフォトでは、単に建築作品を紹介するだけでなく、この「建築を通して見える社会」を皆さまにお届けしたいと思っています。

そして、弊サイトの情報が、読者の皆様にとって建築の新しい側面、違った側面を再発見するキッカケとなればとも思っております。
弊サイトが尊敬してやまない建築関係者の皆様に、有益な情報をお届けし、これからの社会にあるべき建築のあり方を考えるキッカケを提供出来ればと思い運営しております。
(アーキテクチャーフォト編集長・後藤連平)

Search"サイト内検索"

amazon search"書籍検索"

全商品

最新ニュースを受け取る

いいね！ 2.5万
@archiphotoさんをフォロー
友だち追加 675

feature"特集記事"

+ticによる、静岡県磐田市の美容室「split」

多田正治アトリエ+ENDO SHOJIRO DESIGNによる、京都のゲストハウス「A Day in Khaki / 堀川二条の京町家」

後藤充裕 / mitsuhiro gotoh architectsによる、宮城の、郊外の大型ショッピングセンターに入居するオフィスの改修計画「I office」

ツバメアーキテクツによる、ミナペルホネンの通販事業部配送センター兼オフィス「minä perhonen metsä office」

最も注目を集めたトピックス[期間：2018/1/15-1/21]

>>その他の特集記事を読む

remarkable"注目情報"

オーレ・シェーレンによる、北京の、ボックスを積み上げたような外観と多数の円形開口が特徴的なオークションハウスの本社ビル「Guardian Art Center」の写真など

セルガスカーノが、ロンドンの、以前ロジャース事務所だった空間を、コワーキングスペースに改修

隈研吾の設計でほぼ完成した、スコットランド・ダンディーの、ヴィクトリア&アルバート博物館・新館をドローンで撮影した動画

ペソ・フォン・エルリッヒスハウゼンによる、チリの、平面と断面に強い幾何学構成が用いられていて、立ち上がった建築が抽象彫刻のように見える住宅「Rode House」の写真と図面

プラダが、メンズコレクション2018AWで、H&deMやコールハースらにナイロンウェアのデザインを依頼

>>その他の注目情報を見る

AD

アーキテクチャーフォト
ジョブボード
建築の求人情報多数掲載しています。

ARCHITECTUREPHOTO BOOKS
建築・アート・デザインの古書や雑貨を取り扱っております。ぜひアクセスください。

広告掲載ついてはこちらにどうぞ

ap job"求人情報"

相坂研介設計アトリエが、設計スタッフを募集中

後藤周平建築設計事務所が、設計スタッフ・オープンデスクを募集中

成瀬・猪熊建築設計事務所が、設計スタッフ（経験者）を急募中

花田茂建築設計事務所が、設計スタッフ（正社員）・アルバイトを募集中

ケース・リアル株式会社／CASE-REALが、設計スタッフ（正社員）を募集中

関・空間設計が、建築意匠・電気設備・機械設備・構造の設計スタッフを募集中

髙橋一平建築事務所が、設計スタッフを募集中

株式会社手塚建築研究所が、設計スタッフを緊急募集中

中国北京で活動する「MAD Architects」が、シニアアーキテクトを募集中

パッシブデザインに取り組む「森建築設計」が、建築意匠設計スタッフを募集中

>>その他の求人情報を見る

ap product"建材情報"

現在掲載中情報の一覧

CORNEL FURNITUREによる「オーダーメイド家具」

toolboxの「革の把手」

当サイトへの建材情報の出稿の御案内

注意事項について

ap books"入荷情報"

アーキテクチャーフォトのウェブサイト（http://architecturephoto. net　2018年1月時点）

建築家が、ウェブを有効に使い、建築業界の内外を問わず届けたい情報を届けたい場所に、適切に届けられるようになってほしい。それが本書を執筆した目的です。

そして、建築家のウェブ発信が改革された先には、建築家の存在がより認知された社会が待っているとも思うのです。

こんにちは。アーキテクチャーフォトというウェブサイトを主宰している後藤連平と申します。ご存じでない方に簡単な自己紹介をさせていただきたいと思います。

アーキテクチャーフォトは、私が2007年に設計事務所勤務の傍ら、個人的なプロジェクトとして立ち上げた、建築意匠の情報を中心に扱うウェブサイトです（現在は、アーキテクチャーフォトの運営に専念しています）。

2017年を振り返ってみるとアクセス数の月間平均は、約24万ページビューを超えています。この数字は、世の中の一般的な情報を扱うサイトと比べると少ないかもしれませんが、日本国内で建築意匠という専門的な分野を取り扱うサイトとしては、とても大きな反響であると自負しています。

サイトでの主な活動は、世界中のウェブサイトの中から今見るべき建築情報をピックアップし、独自の

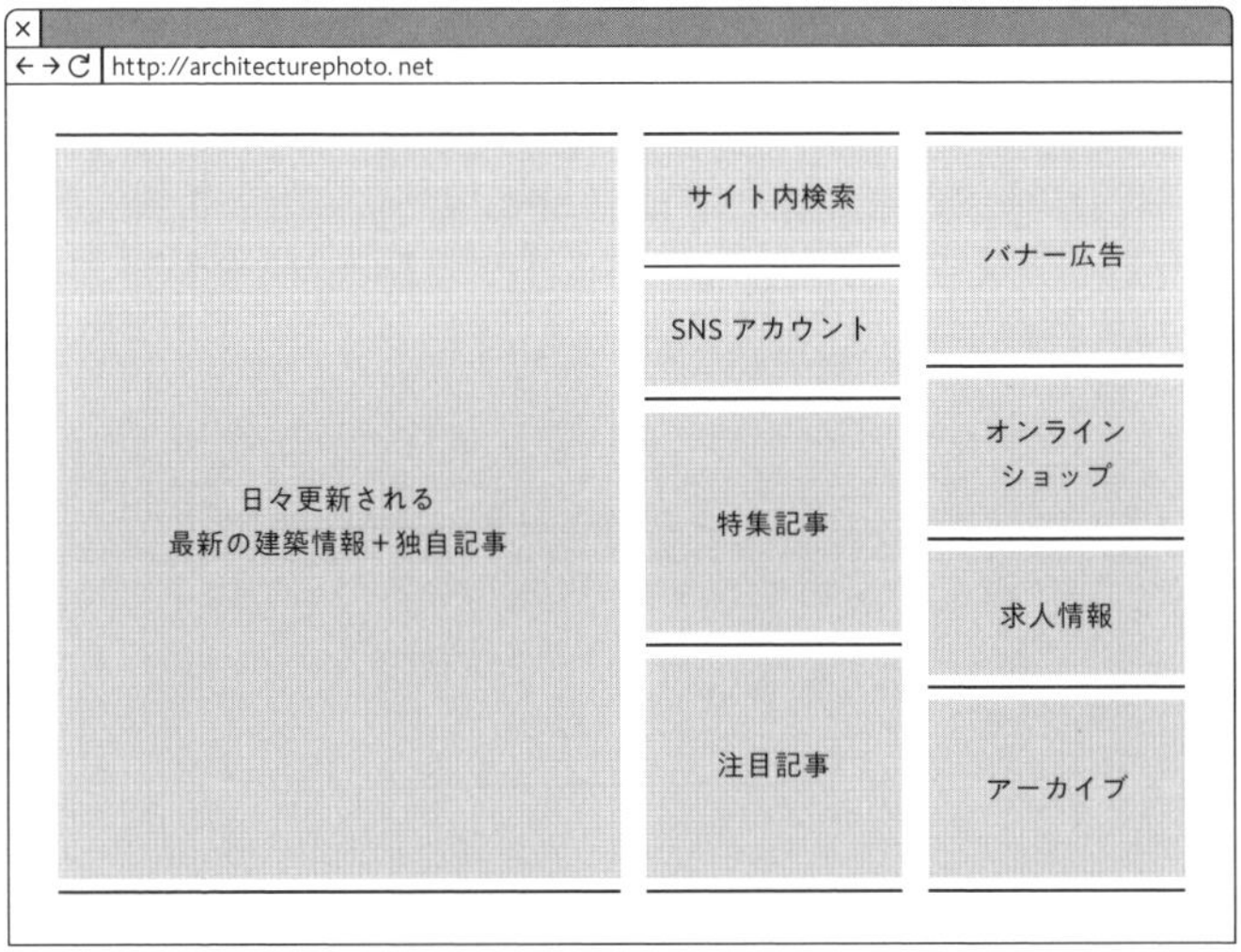

アーキテクチャーフォトが提供しているコンテンツ

視点を加えリンク形式（世界中のどのようなウェブサイトでもURLを貼りつけることで、その情報を一瞬で閲覧することができるようになる、ネット世界で特徴的な仕組み）で紹介すること、建築家の方々と直に連絡を取り合い、作品の資料を提供していただき、特集記事として紹介することなどを行っています。また、アーキテクチャーフォトジョブボード（http://job.architecturephoto.net）という別サイトの運営では、建築家の方々が求人情報を告知するサポートを手掛けています。このように、建築家のためにウェブを駆使し、様々な情報を提供したり取り扱ったりすることに人生を捧げています。

この書籍のフレームワークと使い方

この書籍は、そうして私が日々のウェブ発信のなかから得た知識や情報との向き合い方などを、建築家の皆さんに役立つように整理し、まとめた1冊です。大きく分けて三つの章で構成されています。

1章では、建築系ウェブメディア「アーキテクチャーフォト」を立ち上げ、現在の規模に成長させるまでの個人的な経験の紹介と、そのなかで気づいた、建築家がウェブで発信すべきことを説明しています。

2章は理論編として、ウェブ発信を行う際におさえておきたい原則的な考え方を紹介しています。ウェブ上にはFacebookやTwitterに代表されるように無数のアプリケーションやサービスがあり、仕組みや使い方もそれぞれに異なります。

しかし、ウェブ上のほぼすべてのコンテンツが、テキスト・画像・動画の組み合せで成り立っていること、そして人間が発信し、人間がその情報を受け取るという構造上、すべてに共通して応用可能な基本的な考え方が存在します。

理論編では、それを理解してもらうことで、読者が、実際にウェブで発信する内容や、どのような切り口で、自身の活動を発信すればよいか考えられるようになることを目的としています。そうすることで、この先ウェブ上に新しいツールが生まれたとしても、その思考法をもとに適切に発信することができるからです。

3章の実践・分析編では、実際にウェブを使いこなしている建築家に焦点をあて、その発信方法を具体的に分析・解説していきます。

ウェブを、自身の建築理論と社会を接続させる手掛りとする方、建て主とつながるツールとして活用する方、都市部を拠点として、あるいは地方で活用する方。様々な目的・地域でウェブを上手く活用している9人の実践者を取り上げました。これらの多様な発信のあり方を読み比べることで、自身のウェブ発信のヒントを得られるでしょう。

また、理論編と実践・分析編は、各項目末尾に記載された「タグ」で関連づけられています。理論編の中で特に気になる考え方があれば、関連する3章の建築家分析に移動し、より理解を深めることができます。また、建築家の分析から理論編に戻り、そのエッセンスを再確認することもできます。ただ直線的に読み進めるだけでなく、読者の皆さんがより理解を深め、楽しみながら学べる仕組みを考えました。

この本が、皆さんが試みるウェブ発信の一助となることを願っています。

2018年1月　後藤連平

目次

3章 ウェブを使いこなす建築家たち 実践・分析編 105

1章

アーキテクチャーフォトというメディアでの気づき

1　建築家自らのウェブ発信に可能性がある

建築家とメディアの関係を俯瞰する

今、建築家を取り巻く世界には、紙媒体・ウェブ媒体を含め、実に様々なメディアが存在しています。一般的には、伝統ある建築雑誌や、一流の編集者がディレクションする情報を「メディア」と認識することが多いでしょう。

しかし、ネットの発達した現在では異なる視点を持つこともできます。たとえば、あなたが日々つぶやきを投稿しているかもしれない Twitter も、メディアだと言えるでしょう。そして、あなたの友人が、海外旅行中に有名建築家の最新作品をＳＮＳに掲載したとすれば、その投稿でさえもメディアであると言えるのではないでしょうか。

もちろん、伝統ある建築雑誌に自身の建築作品が取り上げられることは、第三者から評価されたという実績になりますし、どんな建築家にとっても意義深いことです。

しかし、だれしもが発信者になれる現代において、建築家の皆さんは、三つのことを認識しておくべきだと思っています。メディア運営者の立場から解説してみます。

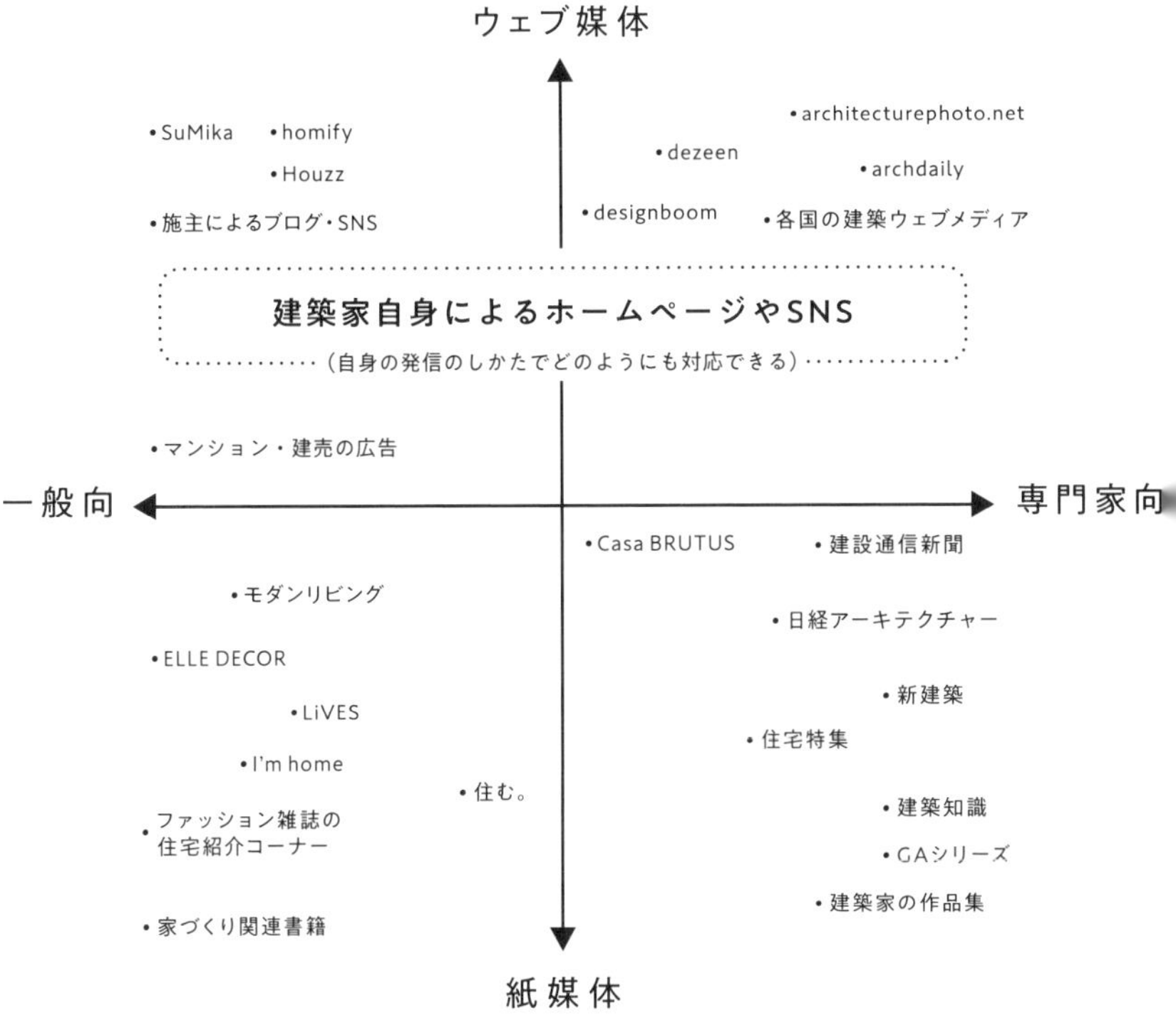

建築家を取り巻くメディアの世界

※ 2018 年現在、代表的なものを抜粋

一つ目が、メディアに掲載されるまでの大きなハードルです。それぞれのメディアごとに、掲載の基準や視点が存在しており、自身が価値あるものをつくりだしたと思っていても、それぞれの媒体の視点で内部の編集者に価値を感じてもらわなければ掲載に至ることはありません。たとえば、時代の最先端を意識する建築メディアでは、大胆なプロポーションやクリエイティビティを明確に表現することで革新性を求める思想と対照的な〝慎ましい〟建築が評価されにくい傾向があるように思います。良し悪しではなく、それぞれのメディアによって、その読者も異なりますし、編集的視点も異なるのです。

また、掲載される作品はそれぞれのメディアの「編集」を経て読者に届けられます。メディアによる編集という行為は、あなたの建築作品をより良く見せることに寄与するのは間違いありません。しかし、編集によって強く作品が方向づけられ、読者にとって特定のバイアスがかかるとも言えるのです。それはつまり、良くも悪くもあなたの建築作品は、編集者の見せたい切り口で読者に届けられるということです。それはもしかすると、あなたの建築を伝える最適な方法ではないかもしれません。

二つ目は、作品を紹介するフォーマットの画一化です。長年親しまれた固定のフォーマットがメディアによって存在しており、自由度が少ないということが言えます。特にウェブメディアで言えば、掲載できる写真のサイズや構成などはパソコンやスマートフォンの画面という制約があり、自由に考案できる範囲が限られています。

ちなみにアーキテクチャーフォトでは、そうした制約のなかでも、タイトルや写真の選択、引用する場所の選択によって、掲載する作品の良さが伝わるように毎回アイデアを練っています。ただそれでも、個々の建築家の皆さんの作品の良さをメディア上で100％表現するのは困難だなと感じます（その可能性を高め続けることには挑戦していきたいと思っていますが）。

言い換えると、それぞれのメディアが、それぞれの建築家の皆さんと作品の特質に合わせてレイアウトを全面的に組みなおしたり、一つの作品に合わせてシステムを構築するということは、なかなかに難しいのです。これはウェブ媒体に限ったことではなく、紙媒体でも同じだと思います。紙媒体なら写真サイズや文字のレイアウトといった部分において自由度は増しますが、やはり、メディアごとに基本的（慣例的）なフォーマットは存在しており、それを守りつつ、編集が行われているのが現状でしょう。

三つ目は、どんなに世界的に著名な建築家であっても、雑誌にしろウェブにしろ毎号毎号連続してメディアが特集し続けることはできないというジレンマです。

どのようなメディアでも読者の興味関心を保ち続けられなければ、存続しないのは言うまでもありません。日々様々な企画や新鮮なアイデアを打ち出すことは、メディアがメディアである所以でもあり、特定の建築家を常時特集し続けるということはできないのです。

このような状況を踏まえると、建築家自身によるウェブ発信は、非常に自由で可能性があります。まず、自身が完成させた建築作品を、間違いなく掲載することができます。そして、作品を自身が最も効果的だと思う切り口・見せ方で発信することができるのです。ホームページならば自身の作品の特質に合わせたレイアウトをつくることもできますし、どの部分に注目すべきか自身で説明することができます。そして、自身のことを毎日でも発信することができます！

現代では、自身のホームページを持つことは非常に容易です。そのほかにも、無料で使用できるブログサービスに加え、無料で使用できるＳＮＳなど様々なウェブ発信のためツールが存在しています。もちろんそこには、２章で紹介するように自身の建築家としての価値がどこにあるのかを冷静に客観的に判断する視点や、常時発信し続けなければいけないという、他人任せにできない作業も発生します。しかしそれ以上に、建築家自身によるウェブ発信が、これまで建築業界が築いてきた価値体系の枠を超える手がかりとなったり、異分野との連携などをスピーディに変化させていく可能性を持っているのは間違いありません。

ウェブ発信は「学問としての建築」と「ビジネスとしての建築」の両方に活用できる

多くの読者の皆さん同様、私自身も、建築学生として６年間アカデミックな場で設計・理論を学び、そ

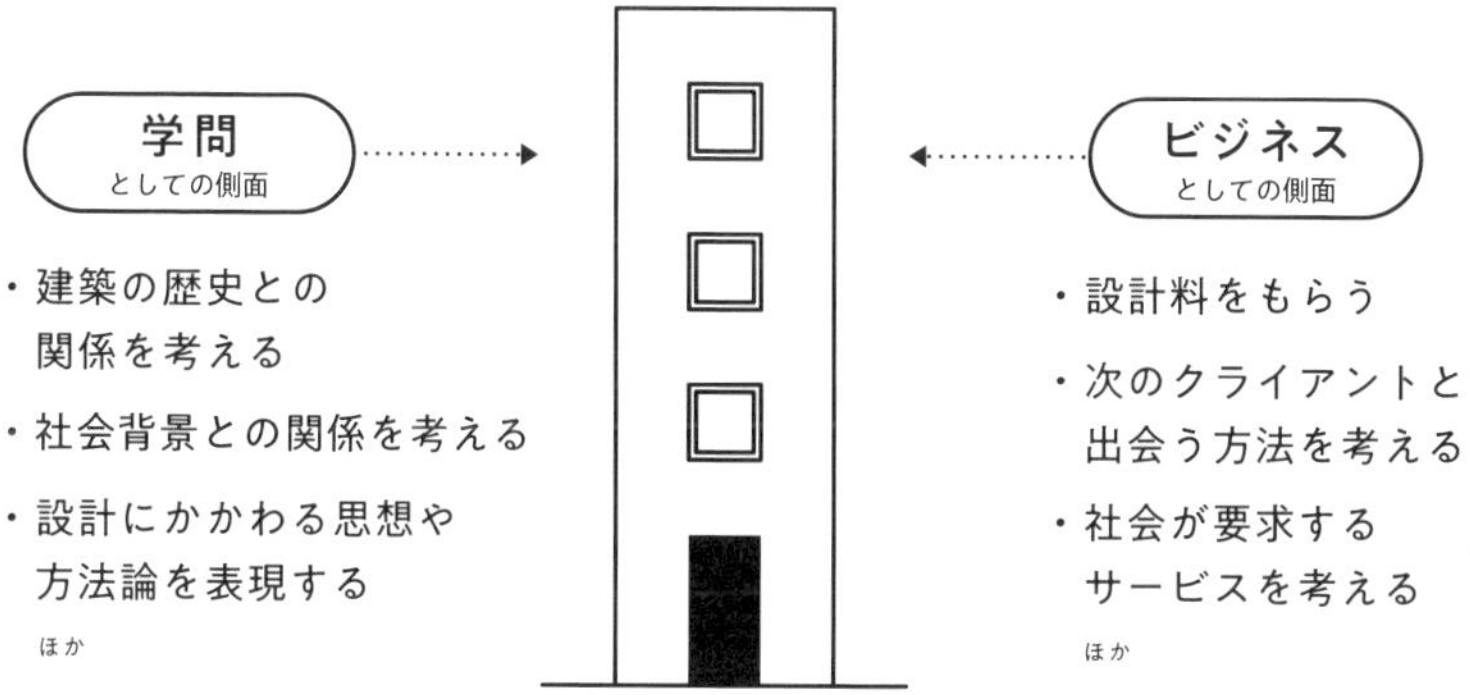

建築家によって、そのスタンスや意義は異なる。
ウェブ発信は、そのどちらの側面でも有効。

の後、東京の組織系設計事務所、地元静岡の小規模設計事務所での設計実務を経験しました。ですので、建築業界の事情は心得ているつもりです。

そのうえで、誤解を恐れず端的に表現するならば、建築の世界には、「学問としての建築」と「ビジネスとしての建築」という大きく分けて二つの側面が存在していると思っています。

建築メディアなどに作品が掲載されたり、それを業界内で批評したり、建築の歴史の中に位置づけようとする側面は「学問としての建築」と言えます。

そして、実際にクライアントとつながり、報酬をいただき設計することや、利益を上げるために試行錯誤する側面は、「ビジネスとしての建築」と言えます。

建築家によって、どのようにその二つの側面を意識するのかは異なりますが、どちらも大切である、と考えています。本書ではこの二つの視点で見ていきます。

そしてこれから建築家の皆さんに向けて紹介していくウェブ発信の考え方や方法論は、「学問としての建築」と「ビジネスとしての建築」のどちらにも応用可能です。

自身の建築家としての思考や作品の意義を広めたい、また、ビジネスとして未来のクライアントとつながりをつくりたいなど、そのどちらにもウェブ発信は大きく貢献してくれます。個々人が、自身の目的達成のために自由に使用できるのが、私の考える「ウェブ発信」です。

「良いものは発信しなくても伝わっていく」という考え方に思うこと

日頃、様々なメディアに触れていると、建築を含め、ものをつくる職業に関わる人たちの中に、「良いものをつくれば、発信に力を入れなくても伝わっていく」という考え方が存在することに気がつきます。

この考え方を、完全に間違っていると全否定するつもりはありません。ただ、そのような考え方に触れた時にいつも思うのは、その「良いもの」を、ウェブを使用し「適切な方法」で情報を発信すれば、より速いスピードで、より広範囲に伝わっていくのは間違いないということです。

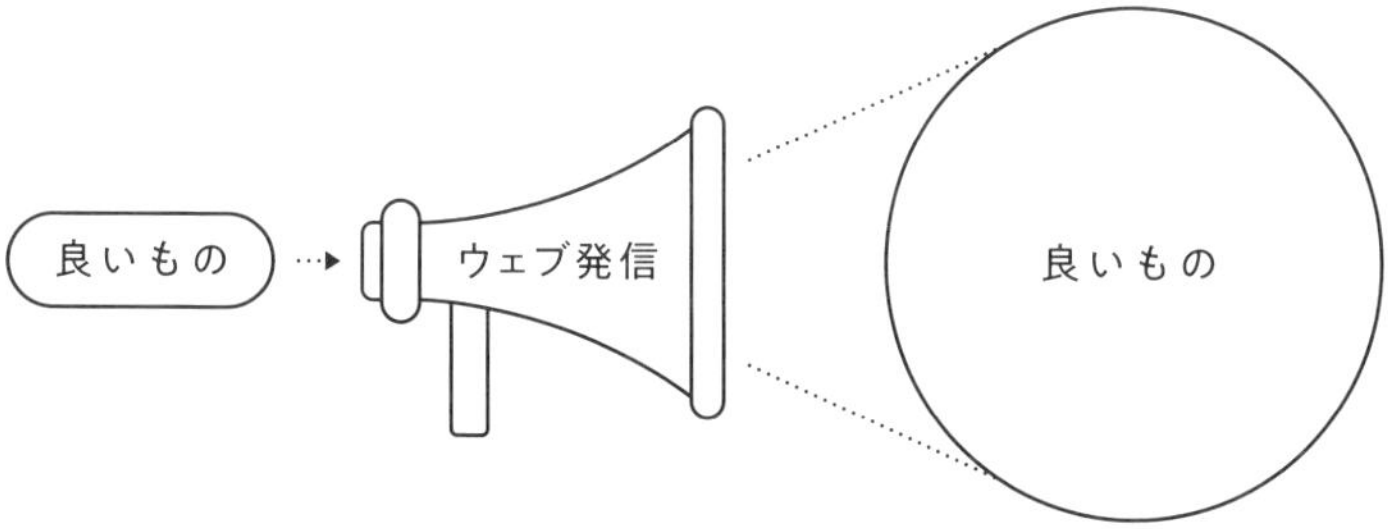

ウェブ発信は、拡声器と同じ。
適切に発信することで「良いもの」を広く届ける役割を果たします。

たとえばこんなことがありました。

とある美術館から、「著名建築家の講演会を企画したのだが参加者がなかなか集まらない」という相談を受けたときのことです。企画内容は非常に素晴らしいものでしたが、主催する美術館の発信方法では期待していた効果が得られなかったようでした。

そこで、弊サイトのTwitterアカウントを使用し、イベントの情報発信に協力することになりました。たった一つの投稿をしただけでしたが、後日美術館から数日で数百人の参加者が集まったという報告がありました。

これは、「良いもの（著名建築家の講演会という企画）」が「適切な方法（アーキテクチャーフォトという〝建築家向け〟の媒体）」で拡散・

発信されたことで、早く広く情報が伝わった一つの事例といえるでしょう。アーキテクチャーフォトの発信力のみが集客の要因ではなく、「内容」と「発信方法」の親和性が高く、このような目に見える効果が生まれたのです。

建築家の皆さんがつくる「良いもの」について、「適切な方法」で行うウェブ発信は、より早く、より広く社会に伝えるための「拡声器のような役割を果たす」と想像してください。

2　アーキテクチャーフォトというメディアでの気づき

建築家とウェブの現在

ウェブの世界ではすでに、様々な情報発信のためのサービスが存在しています。「Twitter」は文字情報に強いSNSで、様々な建築家が活用し、日々議論が繰り広げられています。「Instagram」は画像がメインとなるようにインターフェイスがデザインされたSNSで、ビジュアル情報を中心に発信したい建築家が活用しています。これらは、基本的にだれでも無料で使用することが可能です。

さらに、自身が編集長として振る舞うことができる「ホームページ」なら、強みを自由に表現できる場になりえます。建築家自身が、目的に合わせて表現手段を選び、気軽に発信することができる。そのような環境がウェブには揃っています。

建築意匠に関するメディア運営という仕事柄、建築家とウェブを取り巻く環境についても関心を持ち続けてきました。

「学問としての建築」という視点では、近年Twitterなど SNS の中の、様々な建築家の発信が持つ影響力には目を見張るものがあります。業界に向けて説得力のある理論を発信している方が、SNS の枠を超えて評論の場を広げていったり、アカデミックな場所で自身の理論を語るようになっていくプロセスを多々見てきました。

また、「ビジネスとしての建築」という視点では、多くの建築家たちが、自身のウェブサイトを経由して設計依頼を受けることが当たり前の時代になっています。インターネットが普及する前の、直接の人間関係に多くを頼ってきた時代と比べると大きな変化です。

ウェブが社会一般に浸透した現代では、ウェブ上でのつながりや、そこで生まれる人間関係や信頼感が、実際の仕事に発展していくことが多々あります。その背景には、建築設計という営業活動がしづらい業種の特性も関係していると思います。家を建てることは人生を変えるような大きな出来事ですから、そのほかの業種が行っているような飛び込み営業・電話営業のようなものが意味をなさないのです。やみくもに「建物を建てませんか？」という電話をかけても効果がないであろうことはだれでも想像できるでしょう。だからこそ、建築家にとってウェブ発信という方法が重要であるとも言えるのです。

学問・ビジネスのどちらの視点においても、建築家が、自身の強みをウェブサイトやＳＮＳなどで適切に発信することが、多くの可能性をもたらすことは間違いありません。

では明日からウェブ発信を始めればそれで良いかというと、もちろんそうではありません。何度も書いてきたとおり「適切な方法」をとらなければ、かえってマイナスの効果を生んでしまいかねないのです。詳しくは２章で説明します。

ウェブの世界は色々と移り変わりが激しくスピード感のある世界で、そこを不安に思われている方も多いと思います。しかし、基本的な考え方・向き合い方というものは存在しています。そしてその考え方自体は少しの年月で廃れてしまうものではないと確信しています。ウェブ発信は、価値のないものに価値を与えることはできません。しかし、自身の中に存在する価値を見出す視点を持ち、向き合い方を理解し適切に活用することで、必ず建築家の皆さんの目標に向けて役に立つ道具になるでしょう。

建築メディアの運営から見えてきた、建築家がウェブ発信ですべきこと

アーキテクチャーフォトでは、建築家の皆さんと対話し、掲載情報の画像やテキストのアドヴァイスなども行っていて、それぞれの建築作品の素晴らしさを最大限伝えるために毎日工夫を重ねています。

私は、この経験を通して、建築家はどの方も独自の強みを持っていることを確信しました。作品の中に建築家としての良さが込められている方もいれば、作品を構想するプロセスに独自性が宿っている方もいます。クライアントとの関係のなかで、ほかの建築家よりも優れたコミュニケーション能力を発揮し、より満足感を高められる人もいます。

「建築家」とひとまとめにカテゴライズすることは簡単ですが、それぞれが、全く異なる形・方法で仕事をしているというのが私の認識です。

にもかかわらず不思議なのは、ウェブ発信が画一化する傾向にあることです。建築家が自身の強みを活かして仕事をしているのですから、そのウェブサイトもそれぞれの個性に合わせて独自のデザインや構成になっているだろう思うのですが、現状はそうはなっていないことがほとんどです。

多くの建築家のウェブサイトは、似通ったデザイン・構成のものも多く、建築家自身の特質が、ウェブサイト上で上手く表現できているとは思えません。

たとえば「about」「works」「contact」と英文のカテゴリーが並ぶ、背景が白っぽいウェブサイト。いつの間にか世界中の建築家のテンプレートとなり量産されていますが、私は、すべての建築家が同様のフォーマットを踏襲することには疑問を持っています。

皆さんがスマホ片手に日夜アクセスしている多様なウェブサイトを思い浮かべてみてください。先程も書いたようにすべての建築家の特質が異なるのであれば、ウェブ上での表現も、もっと多様であるべきです。世界をリードする建築家たちのサイトには、そのフォーマットを脱却し、様々な表現を模索する動きが見られます。3章で分析・解説している建築家たちのウェブ発信のように、自身の作品の方向性や自身の強みが、ウェブ上での表現と一致することが重要なのです。

自身がホームページの編集長であるという意識を持ち、自身の仕事を俯瞰的・客観的に眺めてみる。自身の建築家としての強みを分析し明確にする。そして、それに則したレイアウト、コンテンツを考えつくる。こうすることで、すでに存在している建築家としての良さを、より広い範囲に発信できるはずです。

建築家は、設計行為を通して独自の建築を構想し、実現させようと努力します。ウェブサイトのフォーマットやウェブ上でのコンテンツも、その建築の良さを適切に伝えるための一手段としてしっかりと構想できれば、あなたの建築の素晴らしさは、もっと正確に多くの人に伝わるようになります。

それが、インターネットが普及し、ほぼすべての建築家がホームページを持つようになった現在、建築家が取り組むべき課題だと思っています。この課題へのアプローチについては、2章と3章で詳しく解説します。

ウェブメディアを立ち上げた理由

具体的なウェブ発信の方法論（2章）に話を進める前に、私がなぜアーキテクチャーフォトを始めたのか、建築業界に身を置いて、ウェブ発信にどのように取り組んできたのかを少しお話したいと思います。

まず、アーキテクチャーフォトを立ち上げた理由です。詳細は後述しますが、前職で経験したハウスメーカーや工務店の下請けを経験したことがきっかけの一つでした。本当に自身の強みで勝負して、少なくとも日本で、自分しかやっていないことを見つけ出さないと、10年後、建築の世界で生き残ることはできない、という強い実感を持ったからです。

もちろん、建築家になりたい、設計を続けたいという思いはありましたが、客観的に自分自身の能力や経歴・性格をみたときに、「設計」で勝負し続ける姿が想像できませんでした。日本にはたくさんの有名なアトリエ設計事務所があります。そこから毎年多くの優秀な建築家が独立していく姿が頭に浮かびました。そこで勝負できないのならば、より広い枠組みで自分にしかできない建築との関わり方を見つけ出さなければいけないと考えたのです。

自分自身の過去の経験や経歴を見直してみると、いくつか特異と思われるポイントが見つかりました。

それは、

1　大学院時代に、建築家の菊地宏さんのウェブサイトをみていて、ウェブの可能性を感じ、見よう見まねで自身のサイトを立ち上げた経験があったこと。90年代後半はウェブが今ほど一般化していない時代でしたが、数人の建築家はすでに自身のウェブサイトを持っており、そのうちの一人が菊地宏さんでした。当時ヘルツォーク＆ド・ムーロン（Herzog & de Meuron）の事務所に勤務しスイスでの生活などを紹介していた菊地さんの掲示板コーナーは、ネット好きな建築学生皆が魅了されたコンテンツでした。

2　『a+u』の編集者でもあったエルウィン・ビライ（Erwin Viray）先生（当時 a+u 誌のエディトリアルアソシエイツを務めピーター・ズントー（Peter Zumthor）やヘルツォーク＆ド・ムーロンの特集号にも携わった）と、建築批評を手掛けていた古山正雄先生（都市解析や建築批評を専門とし、安藤忠雄さんについての書籍『壁の探究』・『野獣の肖像』などの著者としても知られる）に学んでいたこと。ビライ先生は当時、様々な建築家の特集号の編集を手掛け、私はゼミ生としてその仕事ぶりを間近に感じることができる環境でした。

3　地方都市・京都という、隔離された環境で建築を学んでいたことからくる「自分は建築がわかっている」という根拠のない自信。今考えると、思い込みも良いところです（笑）。

これらを組み合わせることで、何とか自分にしかできないことはないかと模索していった結果生まれたのが、現在の「アーキテクチャーフォト」につながるホームページです。

最初のコンテンツは、自身が学生時代に訪れた建築を撮影した写真と、その建築に関する簡単な批評テキストでした。

建築の写真を専門とするサイトであったことと、実際に取得できるドメインを調べた結果、architecturephoto.net（アーキテクチャーフォト・ネット）という名称に決めました。

地方で立ち上げたサイトが27万ビューになるまでの経験

建築設計と並行して、ウェブの世界で建築を突き詰めていこうと、「アーキテクチャーフォト」を立ち上げたのが２００７年のことです。当時、ウェブをフィールドにするなど少数派でしかありませんでした。さらにもう一つ大きな特徴と言えるのが、活動拠点を静岡に置いて始めたことです。今思い返すと、これが功を奏しました。

東京での数年の組織事務所勤務を経て、地元である静岡に戻ってきたときには、建築に関わる友人はだれもいませんでした。京都での学生時代は、建築家になるという同じ志を持った仲間に囲まれていましたし、東京で組織設計に勤務していた時代にも、建築について語ることができる仲間はいました。今でこそ、静岡でも建築を志す仲間に恵まれていますが、当時はそのようなつながりもなく、また、建築意匠に関する専門誌すらも近くの書店に並んでいない環境でしたので、まだ少なかったウェブ上の建築情報を、むさぼるように見て過ごしていました。

淡々とした日々でしたが、アーキテクチャーフォトを立ち上げ、しばらくすると、私の建築写真と批評を見て、思わぬ仕事が舞い込んできたのです。

静岡県・掛川市に藤森照信さんと内田祥士（習作舎）さんの設計による〈ねむの木こども美術館〉という建築があります。私が偶然その存在を知り、どこのメディアよりも早く外観を撮影して、自身のサイトに掲載していたところ、イタリアの出版社domus（建築・デザインを専門とするイタリアの老舗出版社）から（私をプロの写真家と勘違いしたのか）写真撮影のオファーがあったのです。

domusの求めるものを撮影できるのかという怖さがありましたが、自身の可能性を模索していた時期だったので、思い切って、その仕事を受けました。大学時代の恩師のつながりで、藤森さんに許可をいただき、クライアントである〈ねむの木学園〉にも撮影の趣旨を説明して、許可をもらいました。

デジタルカメラが現在ほど普及していない時代だったこともあり、ポジフィルム数十本を使い、朝から晩まで撮影しました。そして、現像したポジフィルムを国際郵便でイタリアまで送付しました。こうして私が撮影した写真は、なんと『domus ２００７年９月号』に掲載され、しっかりとその報酬も得られたのです。

偶然にも地方に拠点を移したことで得られた思わぬ経験から、一時は建築写真家を生業とすることができるのでは、と思ったものです（今考えると勘違いも甚だしいのですが）。domus からの報酬をすべて使い、より高性能のカメラとレンズを購入しましたが、写真撮影の依頼は続きませんでした（笑）。

しかし、自身の発信が世界に届いていると確信を得るには、十分すぎる出来事でした。それからは、ウェブに掲載している写真と批評テキストを、どのようにしたらより多くの人に見てもらえるのか試行錯誤が続きました。考え続けた結果、建築の情報を掲載するニュースコーナーをつくり、そこに人を集めて、そのついでとして当時のメインコンテンツだった写真と批評テキストを見てもらうというアイデアに辿りつきました。建築写真や批評は毎日更新できませんが、建築の情報なら毎日収集して公開できると考えたからです。この建築情報コーナーが、現在のアーキテクチャーフォトの主力となるコンテンツに成長したのです。

アーキテクチャーフォトがメディアとして成長していくに伴い、周囲に建築の仲間が増えていきました。私の活動を紹介してくれた友人や、ウェブでのつながりから、静岡という地方にも、建築に真摯に向き合っている方々が存在することもわかり、共に建築に向き合う仲間を得ることができました。

また、情報とは、情報を発信しているところに集まってくるものです。始めたころは、自身のサイトの趣旨だけでなく、決してあやしいものではないということを丁寧に説明しないとわかってもらえなかったのですが、今では、様々な建築家の方から、作品の資料を提供してもらえるまでになりました。

サイト運営を続け、ウェブサイトを地道に更新していくことで、信頼も生まれ、既存の紙メディアに先駆けて情報の掲載を実現できる機会も増えました。

たとえば、2014年のザハ・ハディド（Zaha Hadid）さんの新国立競技場コンペ当選案の建設反対運動が起こった際、磯崎新さんの声明を世界中のメディアに先駆けて全文公開させていただきました。一般メディアは磯崎さんが発言した一部を切り取り、その真意が伝わりにくい報道を繰り返していたため、全文の閲覧を希望する声が様々なところで見られました。そこで私は直接磯崎アトリエに連絡を取り、全文の提供を依頼したのです。建築専門メディアとして全文を公開した反響は大きく、その事実や内容が、広く一般メディアにまで拡散し、磯崎新さんがザハさんに向けて綴った真意を伝えることに貢献できたと自負しています。一個人が立ち上げたウェブサイトでも、社会に対し意義のある発信ができるということを証明した瞬間でした。

この月のアーキテクチャーフォトのアクセス数は過去最大のもので、約27万ページビューを記録しました。社会的に意義のある行動が、数値にも表れたと言って良いと思っています。

無料が前提のウェブで、ビジネスとしても成立させる

アーキテクチャーフォトにおいて、今まで存在しなかったビジネスをウェブ上に生み出し成立させたという経験から、「ビジネスとしての建築」の側面についてウェブ発信することにも関しても常々考えています。

アーキテクチャーフォトのビジネス面を少し解説してみたいと思います。たとえば建築設計の世界では、設計料は施工費の○○%というように、報酬の体系がほぼ確立されています。しかし、アーキテクチャーフォトは一般的なウェブサイトと同じく閲覧は無料です。無料を前提としたウェブの世界では、収益を安定的に生み出す手法は確立されてはいません。アフィリエイト（ウェブサイトに商品ページへのリンクを貼り、サイト経由で商品が売れると利益になる仕組みのこと）やGoogle AdSense（Google社が提供する広告システム。ウェブサイトに組み込みクリックされるなどで収益をえることができる）などの仕組みは存在していますが、そこから得られるのは微々たるものです。だれが何をするのも自由ですが、ビジネスとしては何の保証もない世界です。

立ち上げ当初は、アーキテクチャーフォトをビジネスとして成立させるために、ウェブ上のビジネスに関する話題となった記事を徹底的に読み込むという日々が続きました。

日本語で記載されており、ネット上で話題になったビジネス視点の記事は、ほぼすべて読んでいたのではないでしょうか。当時は本を買うお金がなかったということもありますが、ウェブ上には、書籍よりも

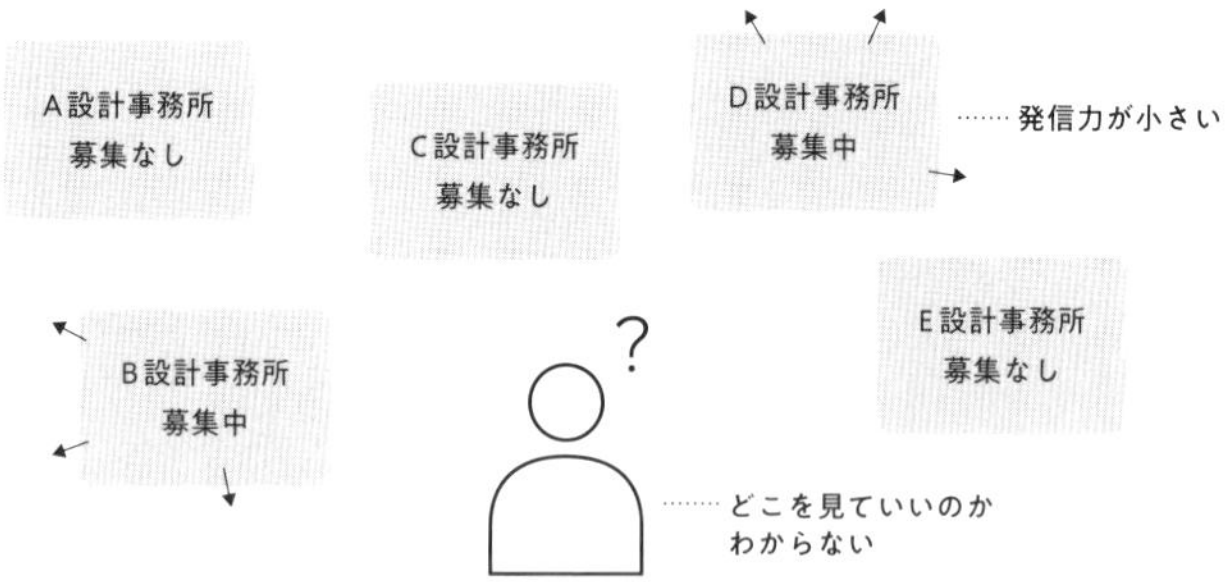

設計事務所ごとにホームページが存在し、
そこで募集情報を出すのが一般的だった。
しかし、全ての事務所が募集しているわけではなく、
求人側・求職側双方にとって不便な状況があった。

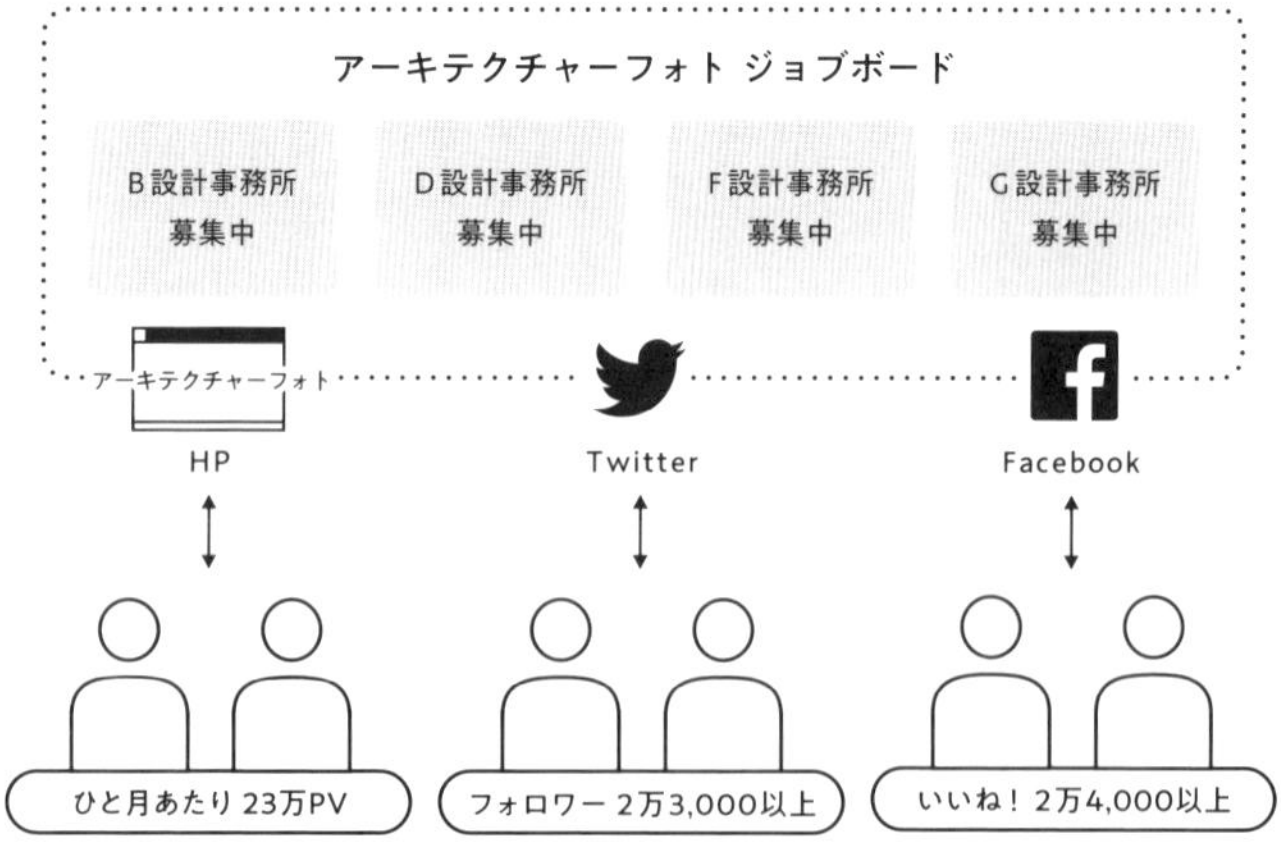

求人情報が、アーキテクチャーフォトジョブボードに集約され、
メディアでも拡散されることで、情報の流通がスムーズになり、
双方にとって便利な状況が生み出されている。

具体的で、実践的で、生々しいビジネスの話が存在していました。そのような情報に触れながら、アーキテクチャーフォトにしかできないビジネスモデルを模索していきました。

アーキテクチャーフォトから派生し、試行錯誤の中で生まれた建築求人サイト「アーキテクチャーフォトジョブボード」（設計事務所などが有料で求人情報を掲載できるウェブサービス）は、これまでの様々な取り組みのなかでも、社会的な意義を持ちつつ、ビジネス的にも成立したプロジェクトです。

現在ひと月約1万1000人（2017年2月時点）の求職者さんが閲覧くださっており、常時約30〜50件程度の建築系求人情報が掲載されています。アーキテクチャーフォトジョブボード以前には、アトリエ設計事務所が、求人情報を掲載できる専門の場は存在していなかったように思います。

この求人サイトは、アーキテクチャーフォトと連携することで、より広い範囲に掲載主の情報を届けられるサービスで、多くの建築家の皆さん、求職者の皆さんに貢献できたと言えるプロジェクトです。また、こうした既存の概念・常識に囚われずに、新たな価値やサービスを生み出そうとすることは、ウェブ発信においても非常に重要な姿勢だと言えます。

私が手掛けるウェブメディアは、建築分野において先行事例がほとんどなかったこともあり、ビジネスとして成立させるまでには時間がかかりました。

アーキテクチャーフォトを開設した時から、自身の活動には社会的意義を感じていましたが、同時にビジネスとしても成立させなければいけないという思いもありました。

その考えは、地元の人たちとの関わりのなかで生まれたものです。静岡に戻った当時は、建築と全く関係のない友人・知人と接する機会がほとんどでした。そのようなコミュニティの中では、建築の「社会的意義」のような話は、理解されることが難しく、仕事＝ビジネスとしてどれだけ成功しているか、だったのです。

アーキテクチャーフォトで自身が追求し価値があると自負していた、〝社会的に意義のある行動〟が理解され難いというのは、当時の私にとって衝撃的な出来事でした。

地元の友人・知人たちとの会話は、仕事の背景にある「お金」の話に直結することも多かったと記憶しています。しかし、その価値観をネガティブに捉えるのではなく、今までは意識したこともなかった、業界の外にある一般社会、そして大多数の人が持つ視点であると理解しました。建築の世界に染まっていた私にとって、広く社会の視点を意識させてくれた貴重な対話でした。

このような経験から、建築と関わりのない世界でも自身の活動を認めてもらいたいという思いが強くなりました。そのために、アーキテクチャーフォトの活動を、ビジネスとしても成立させなければいけないという決意が生まれたのです（もちろん、やみくもに儲けたいという意味ではありません）。

建築と社会の関係を視覚化するメディア

こうして現在10年目を迎えたアーキテクチャーフォトですが、そのサイトコンセプトを「建築と社会の関係を視覚化する」とうたっています。その考え方にたどり着いたのは、私自身の個人的な経験が大きく関わっています。最後にそのことを少しお話ししたいと思います。

私は、高校を卒業した後、京都工芸繊維大学で建築を学びました。大学・大学院時代には、先に書いた「学問としての建築」の価値や意義を追求する日々を送りました。歴史的な建築を学んだり、新しい価値を持つ建築について考え設計課題に取り組んでいました。その後、就職したのは東京の組織設計事務所。友人たちが組織設計事務所や施工会社・不動産会社に就職活動しているのを見て、何の疑問もなく試験を受け、受かった会社に入社しました。

組織設計事務所に就職して、最初に配属されたのは分譲集合住宅を設計する部署でした。そこは、6年間追求してきた「学問としての建築」とは真逆の価値観に直面する現場でした。実務経験者の皆さんがご存じのとおり、分譲集合住宅は商品としてつくられる建物、つまり「ビジネスとしての建築」の側面が非常に強いと言えます。

一般の購入者が価値を感じるであろうことを想像し、それを図面に反映していくという設計。たとえば、住戸内プランを計画していく際に、居室の帖数を少しでも大きく見せるために、壁の位置を調整して、コンマひと桁の数字を微妙に増やすなどの操作は、「学問としての建築」を追求してきた自分には想像もしなかった世界でした。

そのような価値観を理解しようと、必死に働きました。

組織設計事務所に勤務したのち、より小さい規模の建築設計を経験することが将来的に独立する際の良い経験になるのではと思い、地元静岡県にある設計事務所に勤務しはじめました。

そこで経験したのは、一般木造住宅の設計と、新興ハウスメーカーなどの下請けの仕事でした。ここでもコストが重視される「ビジネスとしての建築」にも関わることになったわけです。

特に下請けの仕事では、社会の仕組みを肌で実感できる経験が多かったように記憶しています。たとえば設計者は代えのきく存在として扱われたりもします。実際に下請けとして働いたとある工務店の担当者からは「代わりはいくらでもいる」と言われたこともあります。もちろんですが、下請けの仕事では建て主と対話することもできません。ハウスメーカーは大きなコストをかけて宣伝を行い、建て主の信頼を獲得する。そうして仕事を受注したあとに初めて、資格を所有した建築士が下請けとして業務を行い、家ができていく。そのような仕組みが社会の中にできあがっていることを知識だけではなく肌で感じました。その経験は、設計者がまず最初に建て主とつながることの重要性を教えてくれました。

とはいえ、下請けの仕事であっても、設計者として誠実に仕事に取り組むことの重要性や、仕事に対する美学はありました。仕事として行う以上、そこで信頼を得るということは、なによりも重要です。そして、このような「ビジネスとしての建築」の中にも理論は存在します。企業としての利益を追求するという目標に向かって、様々な理論・戦略・戦術が組み立てられ、それに従い仕事をしていく。それは、「学問としての建築」と異なる課題設定ではありますが、共通する部分も多い、というのが私の認識です。

このように、「学問としての建築」と「ビジネスとしての建築」の対極と言えるものを20代の初めから30代中盤にかけて経験しました。

この約10年間で実感したのは、巨匠建築家、ハウスメーカー、組織設計、個人事務所が、それぞれ、多様な価値観を持って、自身の方法で社会と対話しているのだなということです。アカデミックな価値観、ビジネスの価値観、そのどれもが建築なのだなと思ったのです。もちろん、直面する課題に対しての探究の深度やクオリティの問題は問われるべきだと思いますが、どれも尊い行為だと感じました。

そして、規模の大小に関わらず、建築をつくるということには、ものすごい労力と時間がかかるということも実感し理解しました。この実感は、アーキテクチャーフォトがすべての建築家をリスペクトする姿勢の根拠にもなっています。

そして、多様な価値観によって生まれる建築を通して映し出される「社会」を、多くの人に届けたいと思いました。

それが、「建築と社会の関係を視覚化する」というコンセプトにつながったのです。このような10年以上の実践から得た多くの気づきや知識を、次章からしっかり皆さんに共有していければと思います。

2章

ウェブ発信の技術
理論編

オリエンテーション　知っておきたいウェブの基礎知識

第1講に進む前に、2018年現在、建築家が活用できるウェブ関連のツールなどを簡単に紹介していきたいと思います。あくまで基礎的な情報の紹介ですので、すでにホームページやSNSを活用されている建築家の方は読み飛ばしてしまってもかまいません。

建築家のためのウェブ発信ツール選び

本書では、ホームページやブログだけでなく、Twitter、Instagram、FacebookなどのSNSを含むウェブを活用して、自身の作品や考え方を広く届けようと発信する行為を総称して「ウェブ発信」と表現しています。ここで、どのようなツールが存在するかを整理してみましょう。

「ホームページ」は、建築家が最初に持つべきものであり、最も表現の自由度が高いツールでもあります。作品に合わせてレイアウトを考えたり、掲載するコンテンツを自身の強みに合わせてつくり込むことができます。また、ワンコーナーとしてブログシステムなどを組み込むこともできます。ホームページの構築には、専門のウェブデザイナーという職業が存在しており、コラボレーションしながらつくり上げていくことをお勧めします。ただ、3章で紹介する事例の皆さんのように、人によって発信すべき内容は様々です。建築家がウェブ発信すべき内容についてウェブデザイナーが熟知しているわけではないので、すべて任せてしまうことは避けたほうが良いでしょう。自身の建築家としての強みを分析し、自らコンテンツを考えていくことが必要です。

「SNS」には様々な種類がありますが、「Twitter」「Instagram」「Facebook」の三つを押さえておけばよいでしょう。それぞれに特徴があり、Twitter は言語を主体にコミュニケーションを行うSNS、Instagram は、画像を主体としてコミュニケーションを行うSNSです。Facebook は、実名で運用されるSNSで、前の二つのSNSに比べると、現実世界の人間関係をウェブ上に持ち込んでいるという特徴があると言えます。

「ブログサービス」は、SNSの登場以前に流行し、様々な種類がリリースされました。SNSの登場以降、その存在感は減退していると言えます。しかし、より広くブログに関して言えば、利用者が文字数の制限なく長文を投稿できることなどから、自身の意見をオープンに社会に発信するのに適しているとされ、再評価が進んでいるという見方もできます。基本的に無料で使用できるものがほとんどですが、無料版では広告が表示されるものが多く、有料版を使う人も一定数います。

サービスが普及した後、建築業界のユニークな活用事例として注目を集めたのが、建築家の青木淳さんと神戸芸術工科大学教授の花田佳明さんによるオンラインエスキースです。「青木淳と建築を考える」と

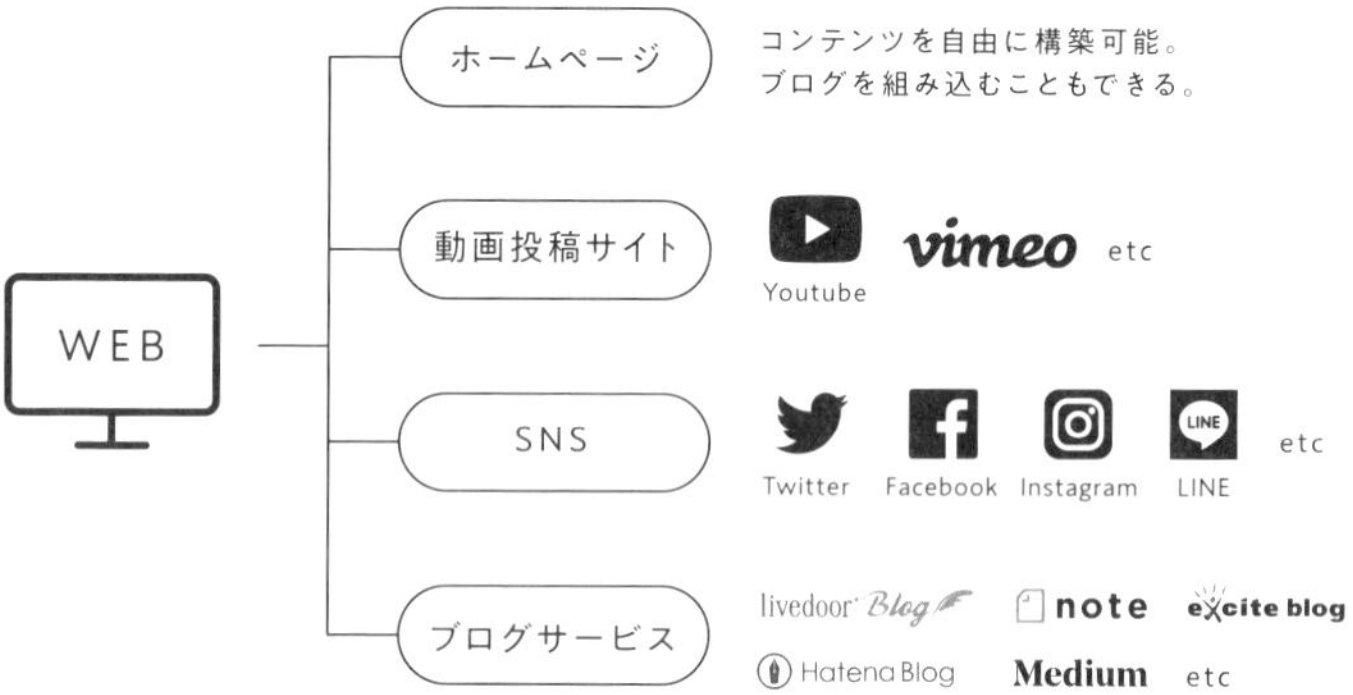

建築家がウェブ上で使用できるツールは様々

いう設計課題で2008年・2009年・2010年と計3回行われ、学生の設計課題のエスキースに、ブログサービスが活用されていました（http://envopenstudio.blog36.fc2.com/）。青木さんは以後も「十日町分室ブログ」や「大宮前体育館現場事務所ブログ」など、数々の建築でブログの活用を試みています。

「動画投稿サイト」としては、「YouTube」「Vimeo」がメジャーだと言えます。海外の著名建築家たちは、プロジェクト毎に精巧なCG動画を制作しており、それを自身のアカウントに投稿しています。建築分野では、写真を通して、その作品を周知することが一般的ですが、徐々に動画で建築を伝えるという動きも出始めています。特にザハ・ハディド・アーキテクツは、計画中の建築案のCG動画を常に作成しており、定期的にVimeoに掲載しています（https://Vimeo.com/user3649764）。

SEOのテクニックや表面上の美しさは本質ではない

本書で紹介するウェブ発信の理論は、検索結果の順位を上げるためのいわゆる「SEO」（Search Engine Optimization の略で、Google などの検索エンジンにコンテンツを最適化すること）について語るものではありません。また、ホームページの表面上の美しさについて語るものでもありません。もちろんそれらも考慮するべきだと思いますが、〝ウェブ発信〟において、見た目のデザインがどれだけ素晴らしいかということは本質ではなく、二次的なものだと考えています。

いくらサイトが検索上位に表示されても、いくらそのサイトが視覚的に美しかったとしても、発信される内容・方法が凡庸であったり、情報の受信者にとって価値を感じてもらえるものでなければ、建築家の皆さんにとって有効な情報発信とは言えません。

3章の実践・分析編で取り上げる建築家の方々のホームページの中には、ほとんどお金をかけずに自ら構築されたものもあり、プロのウェブデザイナーなどが見たら、納得のいかない部分もあるかもしれません。しかし、建築家が自身の活動をどのように捉え、どのような方法でウェブ発信するのかという視点においては、独自の実践が行われており、間違いなく注目すべき事例だと言えます。

とはいえ、自分の強みを客観的に把握することは、そう簡単ではありません。だからこそ、私自身も日々の建築メディア運営の中での経験を活かして、建築家の方々がウェブ発信する際の手助けになるような活動も構想しているところですが、まずは建築家の皆さんがそれぞれ試行錯誤して、受信者にとってどんな価値を提供できるのか、していきたいのかを見極めることが必要だと考えています。

第1講

建築家はウェブとどのように向き合えば良いか

1 建築設計とウェブ発信は似ている

建築設計の考え方でウェブサイトを運営する

設計の思考法がウェブ発信に応用できる

敷地を調査して設計するように、ウェブの流儀を調査して発信する

動線という考え方はウェブ発信でも有効

裏付けを取って設計するように、慎重に調べて発信することは信頼につながる

2 個性と強みを活かした発信をしよう

建築家は何を発信するべきか

自身の価値を理解していない建築家も多いという実感

活動を俯瞰して他者と比べることで強みを見つける

自身の強みを見出す「ブランディング」という考え方

当たり前と思っていることにも価値はある

ウェブなら作品以外の自身の良さもアピールできる

「建築の表現」と「ウェブ発信」を一致させる

1　建築設計とウェブ発信は似ている

建築設計の考え方でウェブサイトを運営する

アーキテクチャーフォトの立ち上げは、「建築設計」の考え方に基づいて進めました。

そもそもこのサイトは、今でこそ多くの人に訪れてもらえるようになりましたが、雑誌などのメディアの編集経験がゼロだった〝設計者〟の私が試行錯誤して立ち上げたウェブサイトです。

つまり、学生時代に自身のウェブサイトをつくった経験はあったものの、プロとしてメディア関連の実務経験がないなか、手探りで始めたメディアなのです。

立ち上げ当初、持っていたのは、大学・大学院で建築を学んだ経験と設計事務所での実務経験のみでした。

しかし、いざウェブサイトを立ち上げる時に、「建築設計」の経験がとても役に立ったのです。

建築設計のプロセスは、敷地や関連法規の調査、類似事例の調査などから始まり、様々な可能性を検討しながらの基本設計、具体的な詳細を詰めていく実施設計と続いていきます（実際には、竣工までの監理業務が存在しますが）。

建築設計のプロセスとウェブ発信のプロセスは似ている

そのプロセスは、ウェブの構築でも同じことなのです。

敷地・関連法規の調査は、ウェブの世界の仕組みやルールを調べていくことと同じですし、類似事例の確認などは、同様にウェブを使用して発信している先行事例を調査することと同じです。

基本設計は、ウェブで発信する方法や手段を検討していくフェーズと言っていいでしょう。実施設計は、さらにその詳細を詰めていくフェーズと言えるでしょうか。

アーキテクチャーフォトの運営では、日々のホームページの更新やSNSを使用した発信の際にも、建築設計で培った思考法が役に立っています。たとえば、建築設計において、建物本体を設計する前に、敷地を含む周辺の状況を注意深くリサーチするのは当然のことです。同様に様々なツールでウェブ発信する際にも、ネット上の著名人などのSNSの使い方を常にリサーチし続けています。どのSNSにも先駆者がいて、その活動をリサーチ・分析することは、自身がウェブ発信する際のヒントになるからです。

設計の思考法がウェブ発信に応用できる

建築家の皆さんがウェブで自身の情報を発信する際にも、設計で培った経験が十分に応用できると考えています。たとえば、建築の設計は、その建物内を人間がどのように行動するのか、使いやすい寸法はどの程度なのか、ということを自身の経験や想像力を駆使して検証していきます。

建築家が、設計する際に駆使する想像力

||

ウェブ発信に必要な想像力

建築の設計は、ほかのデザインジャンルと異なり、基本的に1：1スケールの実物をつくることができない世界です。だからこそ、建築家の想像力というのは、他ジャンルのデザイナーと比較して非常に発達していると感じます。この「人間の行動を想像する力」こそが、ウェブ発信の際に最も必要な力でもあるのです。

情報をどのように発信すれば、意図したとおりに受け取ってもらえるか想像すること、これがウェブ発信において最も重要なスキルと言ってもよいと思います。

ただ、建築設計とウェブ発信では、いくつか異なる部分もあります。

それは、ウェブのほうが、活動のタイムスパンが短いことと、考えているより実行してしまった方が、良い場合があるというところです。

つまりウェブ発信においては、熟慮を重ねてその手法を検討す

るよりも、実際に行動を起こしてしまい、そこから得られるフィードバックをもとに改良を加える方が早いということがありえます。

たとえば、ウェブサイトに使用するリンクテキストの色。どの色がクリックされやすいかということは、頭で考えるよりも、実際にいくつかの候補をそれぞれ一定期間実装し、そのアクセス解析結果を比べることで、明確にわかります。ウェブの世界ではこのような試験が比較的容易に行えます。

建築の世界では、思いついたアイデアの使い心地を体験したいからと、一度建ててみて、問題があればすぐに壊して改良する、などということはまず不可能です。ですが、ウェブの世界ではそれが容易にできてしまうのです。建築設計のように想像力を駆使するのも重要ですが、トライ・アンド・エラーを繰り返すというのもウェブ発信において重要な考え方だと言えます。

敷地を調査して設計するように、ウェブの流儀を調査して発信する

建築設計の世界では、設計するにあたり、様々な条件を調査することが求められます。用途地域、建ぺい率・容積率などの基本的な条件から、その地域ごとに定められた条例まで、様々な法規を調査する必要があります。さらに、敷地の周辺には、どのような建物が建っているのか、建物を建てたとしてそこから何が見えるのか、周辺の建物はどのような素材が使われているのか、リサーチするのに切りがないほどの調査項目があります。そして、その調査からあぶり出された条件を手掛りに、設計がスタートします。

これは、ウェブ発信でも同じだと考えています。

なぜなら、建築における敷地と同じく、ウェブ上では、ツールごとに設計の中に組み込まれたルール、ユーザーたちによって、自然発生的に生み出されたルールが存在しているからです。何も考えずに、使用することはもちろん可能ですが、リサーチをすることで、より適切で効果的なウェブ発信が可能になります。

たとえば、Instagram というＳＮＳには、「#」を付けて投稿される「タグ」と呼ばれるルールが存在しています。このタグの存在・使い方を理解しなければ、Instagram で効果的に発信するのは不可能です。

たとえば「#住宅」というタグをタップすると、同じタグが付けられ投稿された写真のサムネイルの一覧を見ることができるように設計されています。そしてさらに言えば、サムネイルが閲覧できるページの写真はすべて正方形に自動トリミングされる、というルールがあります。ですので、多くの人に自身が投稿した写真を見てもらいたいならば、その写真にどのようなタグを付ければよいのかを検討する必要がありますす。さらに、正方形のサムネイル画像になったときにも、閲覧者の目に留まるように写真を選択・加工しなければなりません。

このように、Instagram だけを見ても多くのルールが存在しているのです。効果的なウェブ発信をしたいと思うのならば、ツールのリサーチを行うのは必須でしょう。しかしそのルールは、建築基準法のように明文化されているものではないので、これを読めばよい、というものは存在していません。

最も効率的にそのルールを習得する方法は、まず使ってみることです。

そして、それぞれのツールをすでに使いこなしている方々に注目し、その投稿の作法を観察してください。3章で紹介する各ツールを使いこなす建築家や、建築家以外にもそれぞれのツールを上手く使いこなす人はたくさん存在します。自身の興味のある分野でかまいませんので、ツールを使いこなしている人をフォローして、その作法やルールを学習してみてください。

動線という考え方はウェブ発信でも有効

ウェブ発信で必要なスキル、すなわち、テキストを考えたり、画像との組み合わせを考えたりする作業は、広義の意味では「編集」と呼ばれる作業と言えます。通常は編集者と呼ばれる人たちが行っている仕事で、紙媒体・ウェブ媒体などのメディアの制作に関わる職業です。さらに、企画を考えたり、作家やライターと打ち合わせて、実際に媒体をリリース（出版）するまでのあらゆる業務を行う人たちです。

そのうちの一人に、講談社を退職して「コルク」という会社を立ち上げ、漫画『宇宙兄弟』（小山宙哉著）などの編集に携わり、いま最も注目を集める編集者・佐渡島庸平さんという方がいます。彼は「編集とは情報の順番工学」だと定義しています。具体的には以下のように解説しています。

情報はどのような順番で伝えるかによって、伝わり方が変わります。一般的に事実に価値があると思われていますが、事実だけにはあまり価値はなくて、どう伝わるかが重要（中略）どういう順番で情報を出すと世間が受け入れやすくなるのか、（中略）情報の出し方の順番をコントロールすることだと思います。（出典＝http://www.interliteracy.com/philosophy/sadoshima_y.html）

この佐渡島さんの編集の定義には強く共感します。そして、建築設計を行ってきた私にとっては、これは建築における「動線」という考え方と同じであるということに気がつきました。

たとえば、皆さんが住宅の設計に取り組む際も同じではないでしょうか。

敷地に入ってから玄関までのアプローチをどのようにレイアウトするか。玄関からリビングまでは、廊下を通って接続するべきか、玄関ホールと直接接続するべきか。また、2階への階段はリビング内に設けるべきかどうか。設計者の皆さんは多くの場合、平面図を書きながら、建物内を人がどのように動くかという「動線」を検討していると思います。そして、動線の設計次第で、建物内を歩き回る人の空間体験も全く異なるものになります。

これはまさに、編集における、「情報の順番を考える行為」と一致しています。ウェブ発信において記

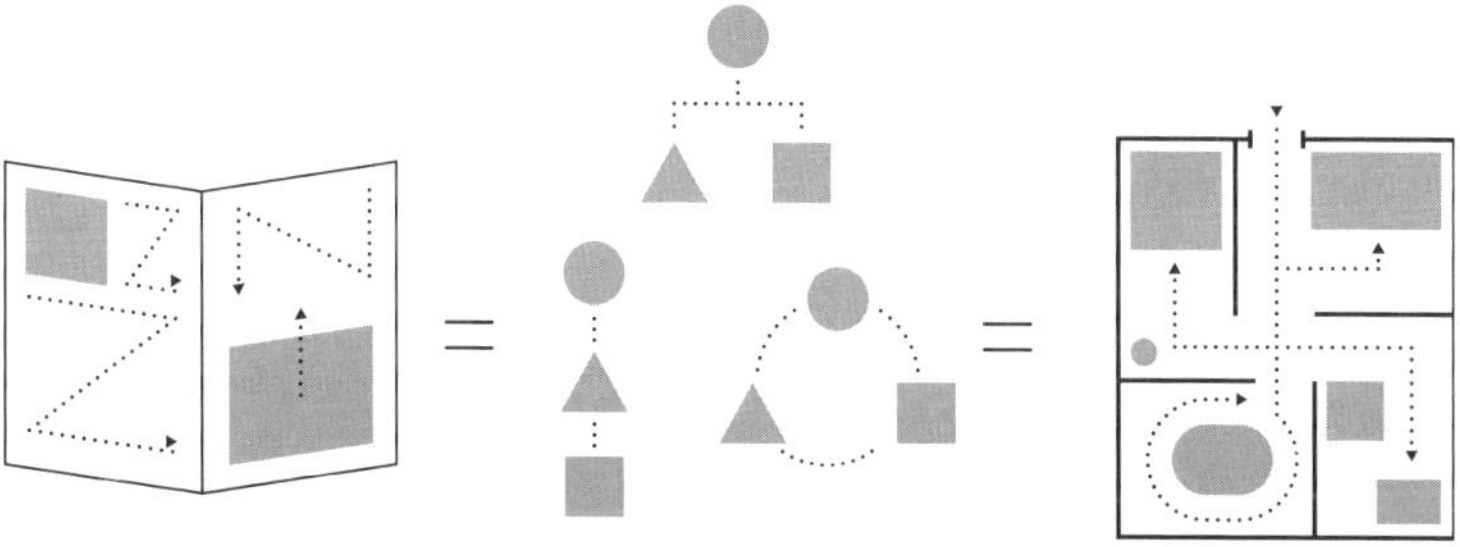

編集

情報の順番工学
（佐渡島庸平さんの定義）

建築における
動線設計

事のタイトルを考える時には、どの単語をどの順番に並べるか、が非常に重要ですが、私はそれを〝建築の動線設計〟になぞらえて考えています。

裏付けを取って設計するように、慎重に調べて発信することは信頼につながる

アーキテクチャーフォトを運営するなかで、建築家以外にも、様々なジャンルのアーティスト・デザイナーと対話する機会があります。

そのような経験をすると、同じ創作に携わる人たちでも、それぞれに違った強みを持っていることがわかります。他ジャンルのデザイナーと建築家を比較した際、私が感じる大きな違いは、建築家は様々な行動に慎重で、その根拠をしっかり押さえ、リサーチをしたうえで行動を起こす傾向が強いということです。それは、建築家特有の強みの一つだと思っています。

これは、建築家が行っている日々の業務を考えれば当然だと言えます。たとえば、住宅の設計には数千万円という大きな金額に対する責任がかかっているはずですし、そもそも、難解な建築基準法を順守しなければ建物を建てることすらできません。また、一度施工されてしまうと、簡単に壊してつくりなおすことができません。

このように、日々裏付けを取り、慎重に行動することを求められる建築設計者の姿勢というのは、ウェブ発信でもとても役に立ちます。ウェブ発信では、根拠や裏付けのある発言・発信で信頼を蓄積して〝信頼される〟ことが非常に重要だからです。後の項目でも説明しますが、近年フェイクニュースが話題になるなど、ウェブ上にある情報の質は玉石混交です。現在も無尽蔵に増え続けているキュレーションサイト（あるテーマにそってウェブ上の画像や文章をコピーし再構成しコンテンツとしている。そこには情報の正確性・独自の視点が欠けていることが多い）においては、アクセス数を重視するために情報の根拠が曖昧なまま、SEOのテクニックを駆使し、多くのページビューを稼ぎ、それを広告掲載による利益に変えるということが問題視されました。ただしこのようにアクセス数のみを重視するウェブへの向き合い方は、建築家のみならず多くのクリエイターにとって明らかに不適切です。

なぜなら、建築家がウェブで情報を発信する目的はページビューを稼ぐことではないからです。ウェブ発信の先にある〝目的〟とは、たとえば設計業務を受注すること、または自身の建築的な構想を学問として提起することではないでしょうか。ページビューが増えたからといって（正しい方法でページビューを増やすことは良いことですが）、それが実現するわけではありません。自身がいかにそこで「信頼」を得られるかが、道を切り開いていくためのポイントです。

アーキテクチャーフォトの情報発信でも、常に「信頼される」ことを念頭において活動をしています。アーキテクチャーフォトを成り立たせているのは、ページビューだけではないからです。建築家の皆さんに信頼を寄せてもらい、作品を投稿したい、求人情報を掲載したいと思ってもらうことで、サイトは成り立っているのです。

ですので、内容を捻じ曲げてキャッチーなタイトルをねつ造し、ページビューを稼いだりすることはしませんし（まとめサイトなどではそのような手法が散見されます）、投稿してくださる建築家の皆さんの作品写真も、すべて建築家の皆さんを通して写真家の方にも掲載許可を得るというルールを設け、サイト上にも記載をしています。簡単に画像データが複製できる時代だからこそ、それを行わないことで、アーキテクチャーフォトというメディアの信頼が蓄積されると考えています。

建築家の皆さんが日頃から実践されている慎重な行動は、これからウェブの世界で求められる振舞い

（リテラシー）に一致します。世界中に情報が発信されるウェブの世界で最も重要なポイントの一つと言えるでしょう。

2　個性と強みを活かした発信をしよう

建築家は何を発信するべきか

建築家がウェブを使用して何を発信すべきか、という問いの答えは、建築家の数だけあると思います。自分自身が建築家として成し遂げたいことを、まず考えてみましょう。1章では、建築には「学問」と「ビジネス」の二側面があると書きました。たとえば、ウェブに頼らなくてもすでに存在している人間関係から仕事を得られる状況が構築できているのであれば、ウェブ発信では、建築の「学問」としての側面に特化したウェブ発信で、新たな人間関係を構築することもできるでしょう。逆に独立したばかりで実績や経験を積みたいと考えている場合には、「ビジネス」としての側面を強化したウェブ発信をしても良いでしょう。

もちろん、唯一の正解はないと考えています。しかし、実作品を数多く実現させる若手建築家の作品がどんどん進化し洗練されてゆくことを目の当たりにすると、建築物を完成させるという経験の積み重ねは、建築家にとって最大の学習機会だということを痛感します。ホームページやSNSなどを自身のビジョンに合わせて最適化しておくことは、どのような目的を設定したとしても必須だと言えます。

自身の価値を理解していない建築家も多いという実感

ウェブメディアの運営を通して、建築家の強みが皆それぞれ異なるという事実に気がついた、というのはすでに書いたとおりです。さらに気づかされたのは、自身の建築家としての強み・アピールポイントを自覚していない方も多いということです。私が、「とても面白い！　ほかに同じような活動をしている建築家はいない」と感じる部分があったとしても、それを建築家本人が自身の強みと認識していないとケースは多々あります（強みと思う部分をお伝えし、異なる紹介の仕方を提案することもあります）。

このような経験から、自分自身の強みを認識する難しさは常々感じています。しかし、他者と比較・相対化する視点を日々意識的に持つことで、自身の強みを見出すことは可能です。強みは、絶対的なものではなく、相対的なものです。他者の活動にも広く関心を持つことができれば、自然と他者と自身の活動の違いが見え、何が強みなのかがわかってきます。

活動を俯瞰して他者と比べることで強みを見つける

私が知りうる範囲ですが、その実践者として最も印象に残っているのが、彫刻家の名和晃平さんです。2010年に静岡県掛川市で参加した「夜の美術館と現代アート茶会」というイベントに関連する講演会で、名和さんは「作品をつくっている最中は制作に没頭している。しかし、作品が完成した後に、アートの歴史と照らし合わせ、その意味を改めて思考している」と話されていました。つまり名和さんは、自身が身を置き学んできたアートの文脈や長い歴史から感じたことを無意識のうちに作品に昇華させる高い表現力だけでなく、自身を位置づける論理的な思考も持ち合わせ、両方を実践しているのです。これは、まさに自身の作品を俯瞰し相対化する姿勢だと言えます。建築家も、自身の作品を設計し監理している間は、そこに没頭していると思います。しかし作品完成後には、それを俯瞰して捉え、建築の歴史や社会背景、ビジネスの視点で考えなおすことが必要でしょう。作品だけでなく、活動全般においても同じことが言えます。

自分の強みを見つけるには、そのほかにも様々な方法があると思います。世の中にはすでに様々な建築メディアが存在しています。そこに登場する建築家たちの活動を見て、自身の活動と比較してみるのも良いでしょう。また、建築家同士で、自身の建築に対する考え方を議論することも、自身の強みを見つけるヒントになります。対話の中で考え方の違いが明らかになったり、自身の中の独自性に気がつくヒントを得られることもあります。

TwitterなどのSNSで、自身の建築に対する考えを日々投稿してみることも有効だと思います。そのほかのユーザーからの反応・反響を見ていくことで、自身の考えを相対化することができるでしょう。

○関連性の高い分析パート　#藤村龍至（p. 108）　#川辺直哉（p. 206）　#佐久間悠（p. 158）

自身の強みを見出す「ブランディング」という考え方

建築家としての「自身の強み」を見出すには、「ブランディング」の思考法が役に立つとも考えています。ブランディングについて書かれた書籍は数多くありますが、そのなかに、ブランディングデザイナーの西澤明洋さんが執筆した書籍『新・パーソナルブランディング』（宣伝会議、2014）があります。この書籍は、主に独立・起業を目指す方に向けて書かれたものですが、建築家が自身の「強み」を改めて見つけ出す際にも、参考になる考え方が多々紹介されており、ぜひ読んでみてほしいと思います。この書籍中で、特に建築家が「自身の強み」に気がつくために効果的だなと思うのは〝「良いところ探し」と「違うところ探し」〟という方法です。

西澤さんは、ブランドを確立するためのポイントが、自身や商品・サービスの「良いところ」と「違うところ」の重なる部分にあると言います。私もこの部分に建築家がウェブ発信すべきポイントがあると考えています。

この手法では、まず自身や自身の活動の「良いところ」をピックアップします。今一度客観的な視点で自身の活動を振り返ってください。西澤さんは次の点が重要だと言います。

> 「良いところ探し」。「あなた」と「商品・サービス」には、良いところがたくさんあるはずです。そういう自信がなければ、あなたは独立しようと思い至ることはなかったはずです。（中略）大抵の場合、この作業で複数の良いところが挙がってきます。（中略）また、その際には〝お客様視点〟で情報を整理するように心がけましょう。
>
> （出典＝『新パーソナルブランディング』p. 93）

そして、次に「違うところ」を考えてみます。

「違うところ探し」とは、他者にはない、「あなた」とあなたの「商品・サービス」だけが有する独自のポイントを探す作業です。市場と他者を丁寧にチェックし、空いているポジションを探します。それが、これまでにない新しい

西澤明洋著『新パーソナルブランディング』（宣伝会議、2014）

価値に繋がっていきます。

（出典＝『新パーソナルブランディング』p. 94）

二つのポイントが重なる部分が、建築家としてウェブで発信すべき「自身の強み」です。ただし、注意しなければならないのは、この方法を試みる前に、自身が、「学問としての建築」と「ビジネスとしての建築」という二つの視点のなかで、どのようなバランス感でウェブ発信したいのかを意識する必要があるということです。それぞれの視点によって、「良いところ」「違うところ」「お客様視点」「市場」「他者」という言葉の意味するところが、全く変わってくるからです。

そして、後の項目でも説明しますが、一見すると建築家の強みだと思われていないような、たとえば〝性格〟なども「良いところ」「違うところ」の中に加えてみてください。ウェブ発信においては、今まで建築家にとって「強み」だと思われていなかった部分も「強み」として発信することが可能です。思考の枠組みを柔軟にして、考えてみることがポイントです。

建築業界の中で自身がどのようなポジションを目指すのかを意識し、だれに向けて発信するのかを明確にしたうえで、「良いところ探し」と「違うところ探し」を行ってみることが重要です。ウェブ発信にとって必須な「自身の強み」に気づくためのヒントを得られるでしょう。

当たり前と思っていることにも価値はある

自身の強みを見つけて、それをウェブで発信していきたいと思うのならば、自分が当たり前だと思って日々行ってきたことの価値に気づくことも大切です。

たとえば、本書の3章でも取り上げる建築家・渡辺隆さん（p. 182）には、入札制度という仕組みのなかでクオリティの高い建築を実現するということに取り組まれている側面もあります。その取り組みが注目を集め『新建築2016年9月号』にて〈豊岡中央交流センター〉が掲載されました。

しかし渡辺さんは当初、自身の活動が〝評価されるべきもの〟であるということに気づいていなかったと言います（渡辺さんは独立前に所属していた組織設計事務所にて入札物件を数多く手掛けた経験があります）。渡辺さんは、同じ静岡という地域を拠点とし、より深く学問としての建築の世界に関わっている私やまわりの建築家との対話のなかで、自身の活動に向けられる関心の高さ、アプローチの特殊さに気づかされたと語ってくれ

渡辺隆建築設計事務所による〈豊岡中央交流センター〉 photo by 長谷川健太

たことがありました。『新建築』の誌面を見ても、この建築が「入札制度」というプロセスによってつくられたことが中心となって説明されており、担当の編集者にとっても、入札制度という仕組みのなかで〝建築〟をつくるという取り組みが、注目に値する行為であったことが伺えます。

このように、自身が当たり前だと思っていることが実は特殊であったということは多々あります。それは、他者と対話する、自身の活動を俯瞰して眺めるなどの行為を繰り返すことによって明らかになります。ぜひ積極的に様々な人たちと対話してみてください。もちろん、Twitter などのＳＮＳを活用し、ネット上で他者とのコミュニケーションを深めるのも良いでしょう。

そのほかにも、「視点の枠組み」を変えるということも効果的だと考えています。建築家の世界では当たり前のことでも、より広い枠組み、たとえば「住宅産業」という枠組みのなかでは特殊なことも多々あるでしょう。たとえば、建築模型をつくってプレゼンテーションすることは建築家にとっては当たり前ですが、広く住宅産業という枠組みだと必ずしも一般的ではありません。簡易な平面図のみで打ち合わせを行う場合も多いはずで、建て主は建築模型で検討するという選択肢すら知らない場合があるのです。このように、情報の受信者が変わるだけ、つまり自身の活動を違う枠組みの中で捉えるだけで、「当たり前」

だと思っていたことに「価値」が生まれることもあるのです。

○関連性の高い分析パート　#佐久間悠（p. 158）　#連勇太朗（p. 134）

ウェブなら作品以外の自身の良さもアピールできる

紙媒体・ウェブ媒体問わず、建築メディアのほとんどは、建築の空間性を中心に扱っていると言っていいでしょう。もちろんそれに不満があるわけではありません。だれしもが、つくられた建築の詳細を知りたいものです。しかし、建築家が自身の強みを伝えるという視点に立ったときに、「建築作品」だけでは伝えきれない、建築家の良さが存在するケースがあることもまた事実です。

たとえば、私が今までに会った建築家のなかには、一緒に家をつくると楽しそうだと思わせる人柄の良い方や、実直で真面目な仕事ぶりに皆が一目置き安心して設計を任せられるという方もいました。また、打ち合わせの度に精巧でスケールの大きな模型をつくり、空間の面白さを伝えることに長けている方もいます。それらは「建築作品」のみに注目するメディアには取り上げられませんが、建築家自身によるウェブ発信なら、自身の強みとして表現することが可能です。

「ビジネスとしての建築」という視点で考えた場合、クライアントがその建築家に仕事を依頼するかどうかというのは、「建築作品」のヴィジュアルイメージだけではないはずです。少なくとも私はそう思いますし、作風や思想はもちろん人間性、コスト、時間、仕事の精度など、様々な要素が掛け合わされて選ばれているはずです。裏を返せば建築家自身のウェブ発信においては、過去の作品実績に限らず、あらゆるアプローチで自身の建築家としての強みを発信していくことができるのです。

○関連性の高い分析パート　#渡辺隆（p. 182）　#豊田啓介（p. 170）　#川辺直哉（p. 206）

「建築の表現」と「ウェブ発信」を一致させる

自身の建築家としての特質を適切に発信することがウェブ発信において重要だと説明してきました。その方法は様々ですが、一つの例として「建築表現」と「ウェブ発信」の方法を一致させることも有効です。

一般的な建築家のホームページでは、作品画像はスクロールやスライドショーで表現することが多いのですが、建築の特性に合わせたオリジナルな表現方法を考案することで、より効果的にその空間の質を伝えている例も存在します。

ベルギーを拠点とするオフィス・KGDVS（OFFICE Kersten Geers David Van Severen）という建築家がいます。近年、スペインの建築雑誌『El Croquis 185』でも特集されるなど世界的に注目を集めていますが、彼らのウェブ発信からは、その建築の特性を適切に伝えるための配慮を強く感じます（http://officekgdvs.com/）。

ホームページのProjectをクリックしてみてください。建築作品の「平面図」とその「写真・画像」が、常に併記される形で紹介されます。多くの一般的な建築家のサイトでは1枚ずつスライド形式に並べられた写真のあとに図面が掲載される（もしくは写真のみ）ことに対して、この形式は、オフィス・KGDVSの建築特性にあったウェブ発信だと言えます。

彼らの建築の特質は、幾何学的で厳格なプランニングと、実に豊かな素材の使い方にあると言えます。ガラスや石、鉄など様々な素材を使用することで、厳格なプランからは想像できないような豊かな空間が生み出されています。彼らについては、建築家の長谷川豪さんも自身の著書の中で「強い形式とマテリアリティ

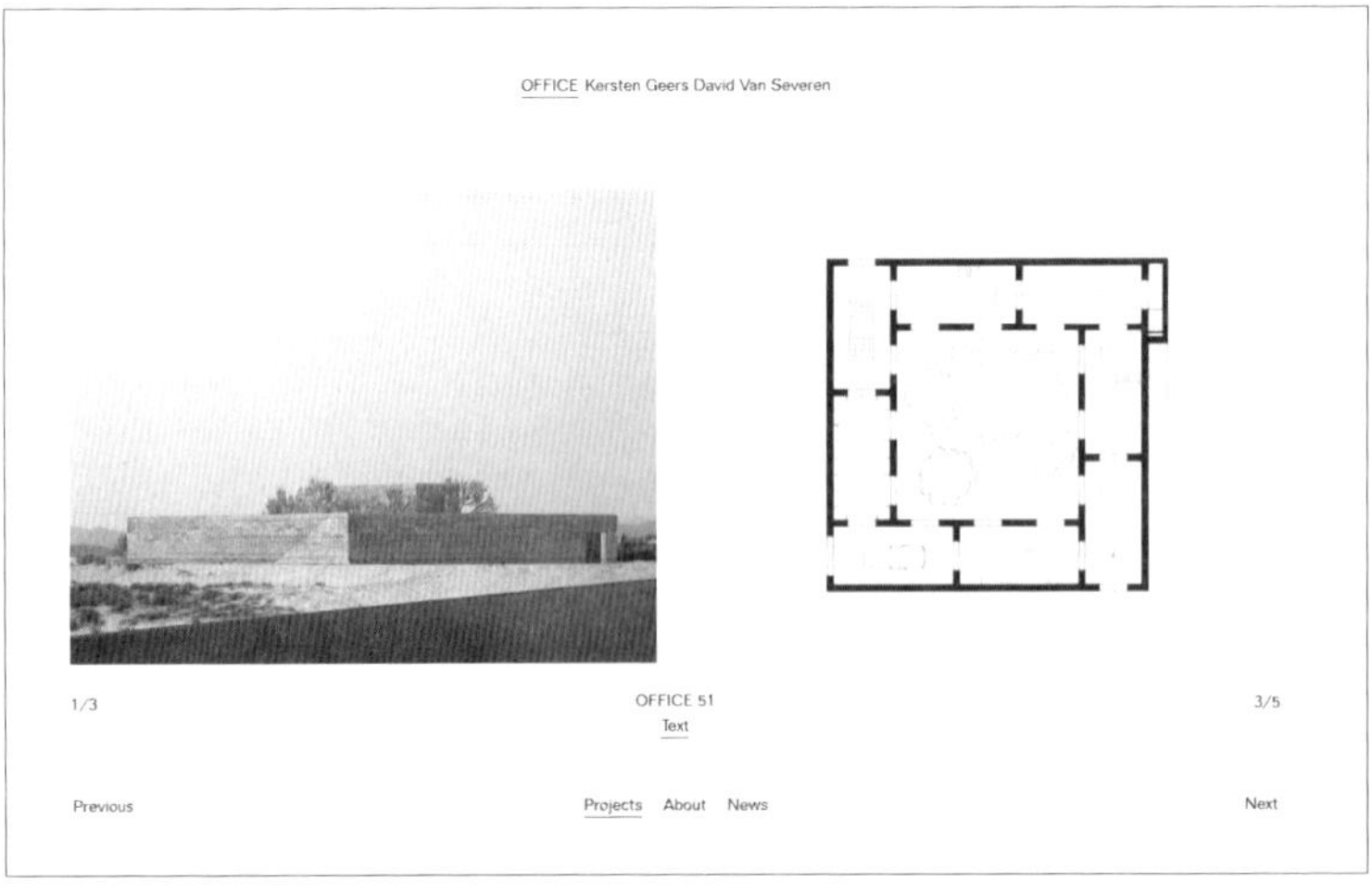

オフィスKGDVSのホームページでの作品の見せ方
（出典＝http://officekgdvs.com/projects/#office-51）

が同居している」（出典＝長谷川豪著『長谷川豪カンバセーションズ』（LIXIL出版、2015、p. 249）と同様の感想を記しています。

この「強い形式」と「マテリアリティ」という建築家の特質が、「平面図」と「写真・画像」を併記するという表現形式によって、ホームページの閲覧者に適切に伝わるようになっているのです。

彼らのように「建築の表現」が直接サイト構築に影響を与えることはそう多くないかもしれませんが、作品写真を並べてスクロールで見せたり、スライドショーで見せたりするだけが答えではないはずです。自身の建築を伝えるための方法について改めて考えてみてはいかがでしょうか。それが見つかればウェブ上で、よりあなたの建築の特質が伝わるようになるのは間違いありません。

○関連性の高い分析パート　#伊礼智（p. 146）　#相波幸治（p. 194）　#連勇太朗（p. 134）

ウェブ活用のための3カ条

1 継続に勝るものはない

継続が前提の世界

一にも二にも継続。自分ができることから逆算して発信内容を考えよう

「楽」にできるという視点が重要

2 「ファンづくり」という視点を持つ

ファンの心を掴むことが、大きなメリットを生む時代

仕事を依頼するのは、あなたの「ファン」だから

ネットでは広範囲での「ファンづくり」がだれでもできる

「ファン」を増やすことはウェブ上での営業活動でもある

3 信頼される発信を心がける

信頼されることが一番大事なこと

過去の発言のストックから「信頼できるかどうか」を読みとられる時代

数字だけを稼ぐことは実は簡単

配慮のない発言は炎上につながることも

1 継続に勝るものはない

継続が前提の世界

アーキテクチャーフォトの活動を始めてから、様々なウェブメディア運営者の書籍を読み学んできました。そのなかで、「継続」という視点において、今でも私の心に刻まれている文章があります。それは「ほぼ日刊イトイ新聞」を立ち上げた糸井重里さんの文章です。


なんといっても掲載しているコンテンツを毎日更新しなければならない。ぼくは当初から、絶対、毎日更新し続けようと決めていた。

一度見にきた読者でも、内容がいつも同じだったらアクセスをしなくなるのは当然のことだ。

ぼく自身も、さんざんネットサーフィンを繰り返したから、更新しないページはだんだん行かなくなっていった。

（出典＝糸井重里著『ほぼ日刊イトイ新聞の本』（講談社、２０１４、p. 141））


注目を集めるウェブメディアを成功させ、ビジネスとしても成立させた糸井さんは、私のロールモデルの一人でした。もちろん、糸井さんのように大規模なメディアサイトを運営したいという人でない限り、更新頻度は毎日でなくてよいと思いますが、ウェブ発信においては、継続することが〝前提〟です。ブログには、基本的に日付が表示されており、いつ更新されたのかが一目でわかるようになっています。ですので、極端な話ですが、数年間放置されたブログを見た閲覧者は、その建築家が活動していないとすら思うでしょう。再度になりますが、ウェブ発信をするならば、それが「継続」的に行われることは大前提です。逆に、継続できないなら、常に更新されないことがだれにでもわかるホームページを構築すればよい、とも言えます。ただそれでは、本書でお伝えしたい効果的なウェブ発信にはなりませんので、自分のペースを見つけてゆっくりとでも「継続」するウェブ発信に挑戦してもらいたいと考えています。

○関連性の高い分析パート　＃伊礼智（p. 146）　＃渡辺隆（p. 182）

一にも二にも継続。自分ができることから逆算して発信内容を考えよう

継続が前提のウェブ発信ですので、自身がどのような内容なら継続的に発信できるのかを、〝逆算〟して考えていくことをお勧めします。

インターネットの構造上、検索などはテキストベースで行われますので、少なからずテキストは必要になります。しかし、Instagram など画像を主体とするＳＮＳも存在しており、ヴィジュアルイメージを継続

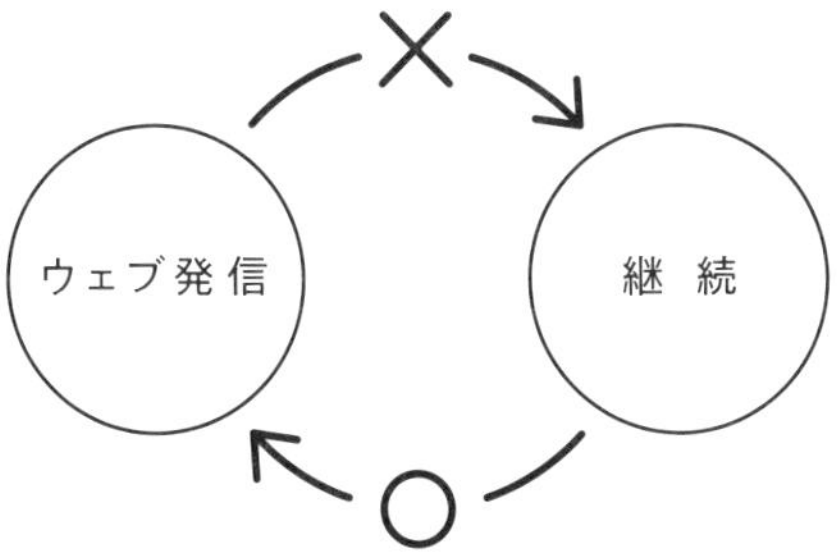

ウェブ発信を継続するのではなく、
継続できることをウェブ発信するのが良い。

的に投稿できる方でしたら、そちらを選ばれてもよいかと思います。たとえば、Instagramを見ていると、自身が構想した住宅の手描き平面図を、継続的に投稿している建築家なども見かけます。その建築家にとっては、様々な住宅のプランを構想して描くことが継続できることだったのでしょう。基本的に投稿のほとんどは写真なので、一覧表示に並ぶ手描き平面図の簡略化された表現は、閲覧者の目に留まりやすいとも言えます（Instagramについては3章第5講、堀部直子さんの事例で詳細に言及しています）。

たとえば、模型をつくることが好きで、毎日苦もなく継続できる方なら、定期的に模型を制作して、簡単なコメントとともにブログやSNSに投稿するというのも一つの方法だと言えます。クライアントを獲得する、ということが最大の目標であれば、投稿内容は実際の仕事に関わっているに越したことはありませんが、忙しい設計実務の合間にストレスなく日々更新できることは限られています。とにかく継続的に自身が発信することができることは何かを考えてみてください。

○関連性の高い分析パート　#堀部直子（p. 120）　#伊礼智（p. 146）　#渡辺隆（p. 182）　#佐久間悠（p. 158）

「楽」にできるという視点が重要

「楽」という言葉は、「たのしい」とも読めますし「らく」とも読むことができます。

継続という前提において、自身にとって何が「楽」なのかを考えることが、継続できるテーマを見つけるヒントになると考えています。意思の力のみで継続させることは非常に難しいのは間違いありません。「楽」なことは人それぞれ、自分だけの「楽」を見つけることが、ウェブ発信継続のカギなのです。

私の場合、世界中の建築の情報をチェックし、ウェブで発信することは間違いなく「楽」なことです。まだ社会の中で注目されていないけれど素晴らしい建築作品を発見したときには、とても楽しい気分になりますし、それをどのような言葉で伝えるかを考えることも苦労なく楽に取り組むことができます。だからこそ、アーキテクチャーフォトというメディアは約10年間、ほぼ毎日の更新が続けられたのです。あなたにとっての「楽」は何ですか？　自問自答してみてください。

○関連性の高い分析パート　#伊礼智（p. 146）　#渡辺隆（p. 182）

2 「ファンづくり」という視点を持つ

ファンの心を掴むことが、大きなメリットを生む時代

「ファン」という言葉には、建築家の皆さんは抵抗があるかもしれません。しかし、ここでは、敢えてファンという言葉を使って説明をしていきたいと思います。

約20年間、建築業界に限らず、ネット上と社会の動きを常に観察してきました。SNSの登場以前には、そのホームページやブログをどのような人たちが見ているかということはアクセス解析でしかわかりませんでした。表向きには公開されない実際の訪問者数や傾向などは、明らかに〝エンジニアなどの裏方や運営者しか知れないデータ〟でした。しかしSNSの登場後、フォローという仕組みによって、そのユーザーのフォロワー数が可視化されるということが起こりました。基本的には「その人の投稿を継続的に見たい」と感じた人がフォローするのですから、フォロワーはいわばあなたの「ファン」と言ってもいいでしょう。つまり、SNSによって、あなたが抱える「ファン」の数が、だれにでも確認できる状況が生み出されたのです。

結果としてどのようなことが起こっているのでしょうか。

たとえば、様々なジャンルのメディアが、だれかを取り上げる際に、その人のSNS上での「ファ

ン」の数を選考の材料の一つとして見るようになったりしています。これは、メディア側の視点からすると当然と言えます。すでに多くのファンを抱える方を取り上げることは、その特集が多くのファンに届くということがある程度保証されるからです（本人がメディアで特集されたことをツイートすれば、そのフォロワーたちが、その媒体を閲覧する行動を起こすのは容易に想像できます）。

私自身の経験を振り返ってみても、同様の感覚があります。最近は、紙媒体のメディアなどにも注目していただく機会も増えているのですが、それはまさしくSNSなどでのフォロワー数（2018年1月現在「Twitter・Facebook 共に約2万4000～）から、建築業界の中における認知度を、メディアの方々が評価してくださっているからでしょう。

最後に補足して説明しますが、フォロワー数はやみくもに増やせばいいものではありません。過激な投稿や、モラルに反する方法を使用してまでフォロワー数を増やそうとすることはお勧めしません。それは、短期的に効果があっても、どこかで大きなしっぺ返しを受ける、つまりそれ自体がファン（フォロワー）の信頼を裏切る行為にほかならないからです。前段でも「信頼」を獲得することの重要性を書いてきましたが、地道に、自身の発信に共感してくれるフォロワーを、時間をかけて獲得していくことが正しい方法だと言えます。

仕事を依頼するのは、あなたの「ファン」だから

メディアの話を例に「ファン」を抱えることのメリットについて説明しましたが、さらにここで、「建築家にクライントが設計を依頼する」ことに沿って考えてみたいと思います。クライアントが、数ある建築家の中からあなたを選び設計を依頼した理由は何でしょうか。もちろん様々な理由があってのことだと思います。私は、その理由の一つに「あなたのファンだから」というものがあると思っています。私自身、設計実務に携わっていた時代、地元・静岡の友人の住宅を何軒か設計させてもらったことがあります。それはざっくり言うと自身の「ファン」だったから依頼してくれたと意味を読み替えることができると考えています。

依頼してくれた友人の一人は、学生時代私が建築学科で学び、建築家になりたいという夢を語っていたことから、それを応援したいという思いで声を掛けてくれました。長らく私の活動を見守ってくれ応援してくれる、この友人は私の「ファン」でいてくれたのだなあと感じました。

私より上の世代（60代くらい）の建築家と話すと知人・友人であったことで仕事を依頼される時代があったのだとわかります。それと比較しハウスメーカーが台頭した現代は、人間関係が存在するからといって依頼される時代ではないのだと肌で感じてきました。そう考えれば、建築家が自身のファンを増や

していくことの重要性が見えてくると言えるでしょう。知人・友人の関係を越えてより熱狂的に応援してくれる自身のファンを増やす意識を持つことは、建築家にとって様々なメリットをもたらしてくれます。

アーキテクチャーフォトを約10年も継続していると、このメディアの「ファン」になってくれた方が連絡をくれ、それが実際の仕事につながるという実例が多数あります。

10年という期間継続したことで、今となっては、あらゆる企業や行政のなかにも学生時代からアーキテクチャーフォトを見てくださっていた方々が多数おられます。その方たちからコンタクトをもらい、建築系コンペやプロポーザルの告知協力をするという仕事が生まれているのです。このことから、前節で説明した「継続」は「ファンをつくる」うえでも非常に重要であると言えます。

○関連性の高い分析パート　#渡辺隆（p. 182）　#堀部直子（p. 120）

ネットでは広範囲での「ファンづくり」がだれでもできる

そして、ネットが普及した現在においては、ウェブを活用することによってだれしも「ファンづくり」ができます。以前は、個人が不特定多数に向けて自身の考えを発信できる仕組みは存在していませんでした。選ばれた人だけがマスメディアに取り上げられ、注目を集めることによってファンをつくっていたのです。しかしウェブを使用すれば、ホームページ・ブログ・SNS……様々な媒体でだれしもがファンづくりを始められます。

建築家のなかにも、3章でご紹介する皆さんをはじめとして、ウェブを使用し自身のファンを増やしている方々が多数存在します。もちろん、ネット上だけでなく、現実の世界でもファンづくりという意識が重要なのは間違いありません。クライアントの紹介で数珠つなぎのように新たなクライアントが集まり、設計は1~2年待ち、といった建築家もいますが、ごくわずかでしょう。ウェブを活用すれば、そうしたクライアントの人脈がゼロでも不特定多数の人に自分を知ってもらい関係性を築くことができます。これから新たにファンづくりを始める人にとって、より効果的なツールだということは理解するべきです。

○関連性の高い分析パート　#渡辺隆（p. 182）　#堀部直子（p. 120）　#藤村龍至（p. 108）

「ファン」を増やすことはウェブ上での営業活動でもある

「営業活動」と言う言葉に、苦手意識を感じられる建築家の方は多いと思います。実際に私もそうでした。

建築設計の仕事をしている時代には、建材メーカーの方々から飛び込みや電話での営業を受けることが多々ありました。組織設計事務所時代などは、毎日たくさんのメーカの営業職の方々が来られ、本当に多くの方の話を聞きました。このような経験から、短時間で自社の製品をPRすること、数多の競合の中から選んでもらうということの難しさを、逆の立場からですが、痛感しました。

しかしアーキテクチャーフォトをビジネスとして成立させた今となっては、私自身の「営業」に対するイメージは大きく変わっています。今振り返って考えると、昔の自分が苦手意識を持っていた「営業」とはとても狭い視点での、手法としての側面のみだったと感じています。インターネットが普及した現在では、本当に無数のバリエーションの営業法があります。そして、建築家に適した営業のスタイルも存在すると考えています。

今の私にとって「営業」とは、言い換えると「自身と未来のクライアントが接する場を拡大していくこと」となります。ものを売るために直接的に説明したり、企業を訪問したりするのは、その一部であって営業の本質ではありません。特に建築設計のような受注前に実物が存在せず、非常に高い金額が動くサービスである場合、特にその方法は適していないと感じます。

インターネットを使用し、自身の活動や作品をウェブで発信する、建築メディアに投稿してみる、SNSを活用し、フォロワー（ファン）を増やしコミュニケーションをとるように努める。このような行為も、直接的ではありませんが、建築家の営業活動になると考えています。もちろん、現実の人間関係を駆使した営業活動も並行して行うべきですし、両方が揃ってこそ成果を挙げられる部分もあると言えます。しかし、インターネットは、現実の場とは異なる手法で、より幅広く未来のクライアントとのつながりを拡大することができます。接点が増えた結果、その中から建築に関する仕事が発生した際に、あなたのことを思い出し、仕事を依頼するという流れが生まれるのです。

たとえば、友人の建築家・中村成孝さん（ナカムラアトリエを主宰）から聞いた印象深いエピソードがあります。彼は自身のブログにスウェーデンの陶芸家リサ・ラーソン（Lisa Larson）の作品についての感想を書いたことがあったそうです。その後しばらくして、リサ・ラーソンが好きなクライアントから建築設計の仕事の問い合わせがあったというのです。たった一つの小さな接点からでも仕事が生まれることがあるというわかりやすい事例だと思います。

ほとんどの人が何かを探す際にGoogleで検索する時代です。そして、多くの人がTwitterやFacebookの投稿を眺めるのに多くの時間を割いている時代です。それらを上手く活用しながら、日常的に発信してファンを増やしていくことは、確実に自身と未来のクライアントとの接点を増やしてくれます。それは、結果として〝営業〟になっていくのです。

○関連性の高い分析パート　#渡辺隆（p. 182）　#堀部直子（p. 120）　#豊田啓介（p. 170）

3　信頼される発信を心がける

信頼されることが一番大事なこと

建築家のウェブ発信において、重要なポイントの一つは「信頼」されることだと言えるでしょう。

これは、2章第1講でも記載したとおり、建築家がウェブ発信で達成すべき目的がページビューを増やすことではなく、その先にあるものだからです。実際に設計の依頼を得たいということであれば、そこでは数千万円の金額が動くことになるのですから、信頼は不可欠でしょう。学問としての建築を志す場合においても、その発言に一貫性がなければ、その理論が人の心を動かすことはないと言えます。

極端な例ですが、日常的にブログを閲覧してくれる人が、10人しかいなかったとしても、そのうちの5人が仕事を依頼してくれたら、そのウェブ発信は成功だと言えます。逆に、毎日膨大なアクセスがあったとしても依頼がゼロだったら、建築家のウェブ発信としては失敗と言えます（そのようにアクセスを集めることが可能なら、異なるビジネスとして成功する可能性はあると言えるのですが）。

たとえ読者数が少なかったとしても、その人たちに深く突き刺さるようなウェブ発信を心がけるべきです。その内容が、深く閲覧者の心に届けば届くほど、その建築家にアプローチしたいという気持ちは高ま

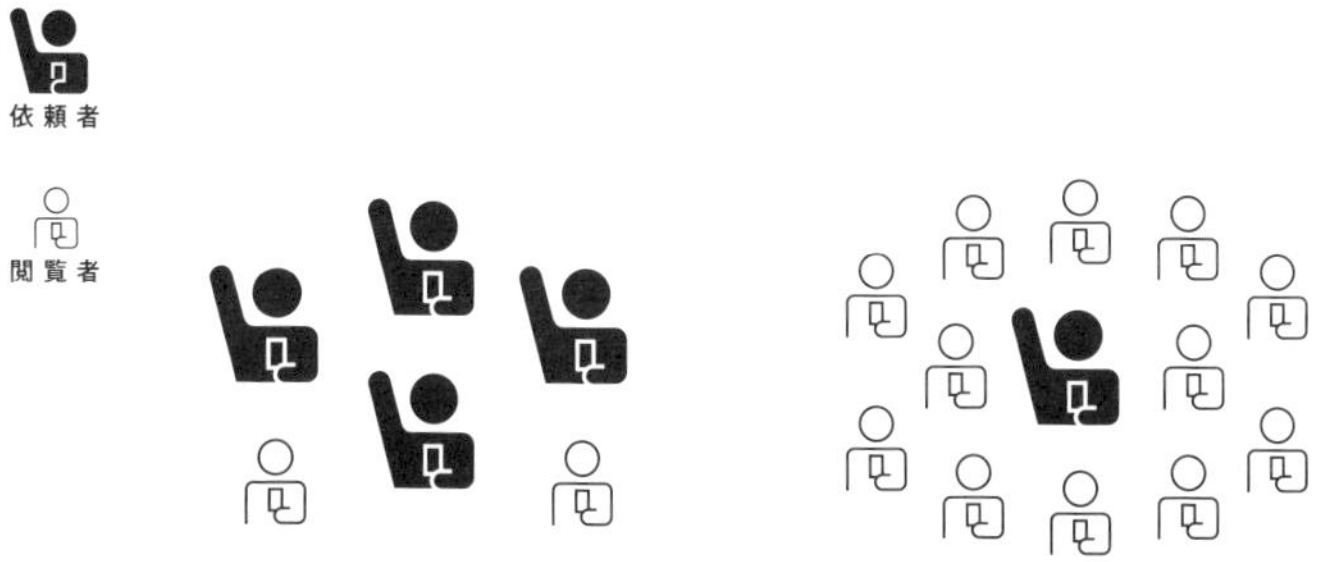

建築家の「良い」ウェブ発信　　建築家の「良くない」ウェブ発信

閲覧者数が少なくても、依頼者が増えるような
狭く深い発信を心がけるべき。

るはずです。広く浅く発信するというより、狭く深く発信していくことが、建築家のウェブ発信においては有効だと言えるでしょう。

○関連性の高い分析パート　#佐久間悠（p. 158）　#川辺直哉（p. 206）

過去の発言のストックから「信頼できるかどうか」を読みとられる時代

インターネットが普及し、だれしもがウェブで発信する時代においては、その人が「信頼」に足る人物かどうかは、そのアーカイブから読みとることができる、と言われています。編集者の佐渡島庸平さんは、ネット社会と「信頼」の関係について次のように分析します。

個人の評価というものが、「食べログ」のレストラン評価やAMAZONの評価など、簡単に消えない、消せないものになってきています。また、その評価をした個人がどんな趣味嗜好を持っているのかも、TWITTERやFACEBOOKでどこまでもさかのぼれる時代になっている。この人の言うことが信頼できるかどうか、誰でも確認できる時代になっているんですよね。（中略）これからは、インターネットによって、「信用」のある人が確実に収入を得ることができるようになってくる。個人が誠実であり続けると生活できるようになってくる社会。効率化の中で人間が機械化されていく、非人間的になっていく、と言われているけれど、その中でも誠実に、人間的に振る舞う人が「信頼」を集めて、それが結果的に収入になる。

（出典＝佐渡島庸平ほか著『コルクを抜く』（ボイジャー、２０１４、Kindle版）

佐渡島庸平ほか著『コルクを抜く』（ボイジャー、2014）Kindle版

このように佐渡島さんは、ウェブのアーカイブ機能が「信頼」を担保する存在として機能していると言います。特に重要なのは、

誠実に、人間的に振る舞う人が「信頼」を集めて、それが結果的に収入になる。

という一節です。ここではわかりやすいように収入にたとえられていますが、収入に限らず「信頼」されるということには、アカデミックな世界でもビジネスの世界でも、すべてにおいて重要です。そして、逆説的に言えば、ネットの普及した社会では〝意図的に信頼を蓄積させることができる〟というのもウェブ発信で常に意識しておきたいポイントだと言えます。

○関連性の高い分析パート　#川辺直哉（p. 206）　#豊田啓介（p. 170）　#伊礼智（p. 146）

数字だけを稼ぐことは実は簡単

インターネットにおいては、長らくそのページビュー数が、ウェブサイトの価値の指標とされてきました。しかし、昨今のウェブメディアを取り巻く騒動でわかったことは、方法を問わなければ数字だけを稼ぐことが実は容易だということでしょう。画像を無断で盗用する、記事をまるごとコピーするなど、創作者の権利を侵害することに無頓着に、複製記事を量産することでページビューを獲得し、ビジネス化する手法が散見されました。しかし、その行為が問題視されるようになり（当然ですが）、某有名サイトが閉鎖されるという事態にまで至りました。

この事実から学ぶべきところはいくつかあると思います。それは、安易な方法をとるのではなく、オリジナルのアイデアをもって、ウェブ発信に臨むということ。そして、ページビューのみを成果の指標としないということでしょう。もちろん大きな数字は、第三者にその価値を説明しようとする際に効果を発揮します。しかし、建築家の皆さんにとって本当に重要なのは、その投稿が閲覧者に深く届いているのかということです。

たとえば、ホームページやブログを開設した際に、サイトの訪問者数を測定するアクセス解析というシステムを組み込むことができます。これを見ると、完全に正確とは言えないものの1日に何人の訪問があったのかがわかります。実際の数字を見るのはとても楽しいことです。しかし、その数字のみをウェブ発信のモチベーションにすることは危険です。アクセス数が停滞し伸び悩んだ途端、一気にやる気がなくなってしまうからです。ページビュー数と異なる部分に、自身のウェブ発信のモチベーションを求めることをお勧めします。たとえば、ライフログとして捉える、投稿が増えることを自身のコレクションが増えるように捉えてみる、投稿は自身の思考を客観化するための手段と捉え意義を見出す、など視点を変えることで数値以外にモチベーションを置くことが可能です。

○関連性の高い分析パート　#相波幸治（p. 194）　#渡辺隆（p. 182）

配慮のない発言は炎上につながることも

ウェブ発信における「炎上」についても少し説明しておきたいと思います。

ウェブ発信には、注意すべきポイントがいくつかあります。そのなかで特に気をつけたいのが「炎上」と呼ばれるものです。一般的にはＳＮＳなどで社会的・道徳的に反する行為や思想を投稿することが、本人の意図を超えて広く拡散していくことをそう呼びます。ウェブ発信はパーソナルなものではありません。個人がスマートフォンから気軽に投稿したものが世界中に発信され、だれの目にも入る可能性のある状態になることです。何気なく投稿した記事が、見ず知らずの人を深く傷つけたり、事実誤認に気づかずデマゴークとして拡散されてしまったりします。どのような投稿が炎上するかという明確なラインは存在していませんが、自身の発言が周囲の閲覧者にどう捉えられるかという想像力に欠ける人が、炎上しやすい傾向にあります。そうした事態に陥らないよう、他者の反応を予見して適切な表現を選ぶことができる能力は「ネットリテラシー」と呼ばれます。これは、実際にネットを使用していくなかで身につけていくものだと言えます。

初心者の方は、まずは最大限の配慮をして投稿することをお勧めします。ウェブを使い続けていくなかで、ほかのユーザーの炎上事例を目にすることもあるでしょうし、自身の投稿に対して、小さな炎上を経験することもあるでしょう。そのような実際の経験を経て、ネットリテラシーは身につくものなのです。私自身も、長いネット経験の中で何度か、ごく小さな炎上を経験しています。そのような経験を経て、投稿が適切かどうか判断する力が身についたのです。

価値を発信するための思考法

1 情報は受け手に合わせて編集する

だれに届けたいかで発信の仕方は変わる

単語の順番を考えることは、建築の動線を考えるように重要

情報の受け手が知りたいことを発信する

自分が伝えたいことは、全体のバランスを見て発信する

様々な価値感を良し悪しではなく違いと考える

2 戦略的に「言葉」を選ぶ

ワード検索の仕組みを理解する

Instagramのタグを観察するとクライアントの世界が見えてくる

同じ作品でも伝える言葉で受け取られ方は異なる

3 移り変わる社会の変化を意識する

常に社会は移り変わる

発信された情報と、受け手の反応の関連性を観察し学ぶ

自身の発信への反響から社会の見方を予測する

1 情報は受け手に合わせて編集する

だれに届けたいかで発信の仕方は変わる

自身の情報をウェブ発信する際などに、だれにその情報を届けたいかを明確にすることは重要です。なぜなら、届ける対象に合わせて情報を編集することで、その情報が届く可能性が大きく高まるからです。情報は、適切な形で発信しなければ届けたい場所に届くことはありません。

スイスの建築家ペーター・メルクリ（Peter Märkli）（スイス・チューリッヒを拠点とする建築家。スイス連邦工科大学教授の経歴を持つ）は、建築において、「形」や「色」について自分勝手に扱っていいものではなく、意味や内容があると言います。私は、情報発信においても同様に考えています。言葉やその並べ方・順番が何を意味するか思考することが重要なのです。スイスの伝説的建築家のルドルフ・オルジャッティ（Rudolf Olgiati）（スイス・フリムスを拠点として活動した建築家。ヴァレリオ・オルジャッティ（Valevio Olgiati）の父親でもある）との対話の中でそのことを学んだと語るメルクリの言葉を引用します。

これらすべての問題を私はオルジャッティと話し合うことができたことは決定的な出来事でした。つまり「形」とは自分勝手なものではないという根拠が見えてきたのです。形や色には意味や内容があることは重要でした。たとえば円形を使うとすれば、それはどういうことか考えなくてはいけません。（中略）これは、オルジャッティや私の発見ではなく現実であり、ひとつの言語、協定、ルール、きまりです。それに従い私達は表現する。そうしなければ理解されることはないのです。

（出典＝『SD 9802』鹿島出版会、p. 56）

このメルクリの言葉は建築論を超え、ものをつくったりそれに関わったりするすべての行為に存在する真理が込められていると思います。

具体例を挙げて説明していきましょう。アーキテクチャーフォトは、建築家を対象としたメディアです。ですので取り扱う情報は、建築家に向けて〝編集〟されたものを掲載しています。つまり、建築家がその出来事の意味を理解しやすい表現が存在するのです。

たとえば、とあるファッションブランドが東京に新しい店舗を出店するとします。その場合、ファッション専門のメディアはそのブランド名をフィーチャーした記事を公開するでしょう。しかしアーキテクチャーフォトでは、まずその店舗の設計者に注目します。そして、その建築家がどのブランドのためにどのようなデザインの店舗を設計したのか、という視点で記事を作成します。そうすることで、同様のプレスリリースを情報源としていても、建築家にとって閲覧しやすく興味を持ってもらいやすい記事になるのです。アーキテクチャーフォトは、こうして世界中の話題を読者である〝建築家〟の視点に合わせて

ブランドからのプレスリリース

ブランド名　場所　設計者名

→ ファッションメディアの重視するポイント

1 ブランド名　2 場所　3 設計者名

→ アーキテクチャーフォト（建築メディア）の重視するポイント

1 設計者名　2 ブランド名　3 場所

吉岡徳仁がイッセイミヤケのためにデザインした、東京・丸の内の店舗「ISSEY MIYAKE MARUNOUCHI」
design, feature
吉岡徳仁がイッセイミヤケのためにデザインした、東京・丸の内の店舗「ISSEY MIYAKE MARUNOUCHI」です。

だれに届けようとするかで重視するポイントは変わる

編集し、発信し続けているのです。

建築家の皆さんがウェブ発信する際も同じように、何も考えず発信するのではなく、情報の受け手を想像し、その意味を考え、情報を〝編集〟することで、よりその内容を、届けたい場所に届けられるようになります。情報を届けたい先が建築家なのか、未来のクライアントなのか、それとも両方なのか。まずそこを明確にすることからウェブ発信はスタートします。

○関連性の高い分析パート　#連勇太朗（p. 134）　#相波幸治（p. 194）　#佐久間悠（p. 158）　#堀部直子（p. 120）

単語の順番を考えることは、建築の動線を考えるように重要

2章第1講では、「編集＝動線設計」であると説明

しましたが、ここでは、より詳細に例をあげて説明していきます。建築家である皆さんがウェブ発信する際に、ブログやＳＮＳで文章を書く機会が多々あると思います。その文章も、受け手を想像し動線設計をするようなイメージで単語を組み合わせていくと効果的です。

アーキテクチャーフォトで記事のタイトルを付ける際の考え方を例に説明していきます。

アーキテクチャーフォトでは、タイトルと記事のＵＲＬをTwitter、FacebookなどのＳＮＳに投稿する際、そのタイトルでいかにリンク先の建築情報を知りたいと思ってもらえるかに知恵を絞っています。

まず、文頭に持ってくる単語を考えます。文章の頭は一番最初に閲覧者の目に留まる部分ですので、トピックの中で最も読者が心惹かれるものを選びます。たとえば、だれもがその作品を見たくなるスターアーキテクト（海外ではスターキテクト〔starchitect〕と呼ばれる場合もある）のトピックでしたら、その人の名前を文頭に持ってくるでしょう。そしてその作品が、どのような特徴・特質を持っているかと言うことを建築家にとって理解しやすい言葉を選びながら綴っていきます。

また一方で、どれほど作品が素晴らしくても、日本ではあまり知られていない海外の建築家の作品であれば、建築家の名前よりも作品の特徴が想像しやすいような単語の配置・表現を意識します。それは建築の形式であったり空間のつくり方であったりしますが、日本の建築家に伝わりやすい言語の使い方を心がけています。

このように、短いタイトルであったとしても、建築作品の特質やエッセンスを盛り込むことによって、閲覧者に想像しやすい形で情報を伝えることができます。実際にアーキテクチャーフォトが毎週集計しているランキングにおいても、日本では無名と言っていい建築家の作品が大きな注目を集めることは多々あります。これは、単語の順番やその表現方法の工夫が有効に働いた結果だと言えるでしょう。

ここでは記事のタイトルを例に挙げて説明しましたが、より長い文章でも基本的な考え方は変わりません。

タイトルのつくりかた

○関連性の高い分析パート　#連勇太朗（p. 134）　#堀部直子（p. 120）

情報の受け手が知りたいことを発信する

スターアーキテクトでない限り、ストレートに自身のことのみを発信しているだけではなかなか注目を集めることはできません。

繰り返しますが効果的なウェブ発信は、受け手がどのような情報を求めているかという想像力が必須です。そして、自身が専門家として責任を持って発信できるテーマであることも重要です。それは2章第2講で説明した「信頼」の重要性という視点につながります。情報の受信者が、少しでも「閲覧して良かった、役に立った」と感じられるならば、そのウェブ発信には効果があったと考えられるでしょう。

私が建築実務の世界で感じたことですが、建築をつくる現場で求められる知識は膨大です。さらには様々な知識やノウハウはかなりの部分が属人的で、ネット上で調べても答えを見つけることができないという経験が多々ありました。しかしそれは逆に言えば、建築家の皆さんがウェブ発信するコンテンツは、無数に存在するということでもあります。

普通は自分が苦労して得た経験や知識は自身の中に留めておきたいものです。しかし見方を変えてみると、自身の経験による知識やノウハウを公開するということは、ネットの普及した現代において大きなメリットがあります。それを閲覧した読者が、執筆した建築家に「信頼」を感じ、その結果仕事を相談するということも現実に起こっています。

広くネットの世界を眺めてみると、そのサービスの多くは、一定の機能までを無料で提供し、そこから先のさらなるサービスについては課金をするという仕組みをとっています。そうすることで多くの顧客候補に広告費をかけずにアプローチすることができ、その中にいる一部のヘビーユーザーが課金することでビジネスとして成立しているのです。これは一般的に「フリーミアム」と呼ばれるビジネスモデルです。この考え方は、この項目で説明したウェブ発信の考え方にも通じるところがあり、参考になります。

○関連性の高い分析パート　#佐久間悠（p. 158）　#相波幸治（p. 194）　#豊田啓介（p. 170）

自分が伝えたいことは、全体のバランスを見て発信する

ウェブ発信においては「情報の受け手が知りたいこと」を発信すべきだと書きました。しかし、自身が閲覧者に伝えたいことも、もちろんあるはずです。これまでの経験から、全体のバランスを意識しながら、情報の一部として自分が伝えたいことを盛り込んで発信するのが効果的だと考えています。

極端な話ですが、自分のイベントの告知のみしか掲載されていないブログがあったとして、継続的に見たいと思う読者はいるでしょうか？　それほど多くないでしょう。読者にとって有益な情報が記載されているブログ記事のなかに、そっと自身が伝えたいことを紛れ込ませるくらいのバランスが最も効果的だと考えています。日々の更新から、ブログ内容に信頼を寄せている閲覧者であれば、その告知に対しても信頼感を持って受け入れてくれるでしょう。

アーキテクチャーフォトにおいても、同様の思想が貫かれています。

アーキテクチャーフォトでは、掲載するすべての作品や情報のクオリティを、独自の判断基準でセレク

トしています。その中には、私が特にその思想や建築作品に共感する建築家の方も存在し、彼らの活動をできるだけ多くの方に届けたいという思いを強く持っている場合もあります。

ですが、もし私が特定の建築家のみに特化した建築情報サイトをつくっていたとしたら、その建築家の情報を今と同じくらい多くの人に伝えることができたでしょうか？　おそらく、マニアックに偏ったウェブサイトとして社会に認知され、その目的は叶わなかったでしょう。自身が伝えたいことと、閲覧者が求めるものをバランスよく発信してこそ、その目的に近づくのは間違いありません。

○関連性の高い分析パート　#川辺直哉（p. 206）　#藤村龍至（p. 108）　#渡辺隆（p. 182）

様々な価値感を良し悪しではなく違いと考える

現代社会において「建築」を取り巻く状況は多様です。建築作品はいまや建築メディアの中だけで紹介されるのではなく、一般メディア、ファッションメディア、カルチャーメディアなど、様々な媒体で取り上げられる状況にあります。そして、それぞれの閲覧者層に合わせて〝編集〟されているため、媒体による紹介のされ方も様々です。

たとえば、建築家の隈研吾さんは、建築業界でその名前を知らない人はいない巨匠と言えます。その論考や思想は専門誌などにも掲載され、多くの建築家に影響を与えています。その隈研吾さんを、一般メディアがどのように紹介しているかご存知でしょうか。新国立競技場の設計を手掛けることが発表された直後から「和の大家・隈研吾」と称されているのです。試しにgoogle検索で「和の大家　隈研吾」と検索してみます。すると約67万２０００件もヒットするのです（２０１７年8月時点）。建築業界では聞いたことのないこのフレーズが、一般社会でいかに浸透しているかがわかるでしょう。建築業界に身を置く立場からすると、この表現には独特のキャッチーさがあり、違和感を感じたくなる気持ちもわかります。しかし、これが認識すべき現実だとも言えます。

かといってその価値観に良い悪いがあるわけではないのです。必要なのは異なる価値観の存在を認めるという姿勢です。そのような姿勢を身につけることで、様々な枠組みでの人々の思考について理解ができるようになると考えています。

たとえば、建築家が未来のクライアント層に訴求するようなウェブ発信がしたいと考えるならば、対象とする彼らの価値観や思考について理解すればするほど、効果的なウェブ発信ができるはずです。

世の中には建築に対する様々な価値観・視点が存在します。そのような他者の視点に意識的になり、その価値観を否定するのではなく理解しようとすること・認めること。これが重要だと考えています。

○関連性の高い分析パート　#連勇太朗（p. 134）　#堀部直子（p. 120）　#相波幸治（p. 194）

2 戦略的に「言葉」を選ぶ

ワード検索の仕組みを理解する

ウェブの世界で発信をする際には、「ワード検索」の仕組みを理解しておくことが必須でしょう。より詳細に見ていくとSEOの話になりますが、これについては検索システム内のプログラムにまで話が及びますので本書では言及しません。ここでは検索システムを利用する人々の行動を中心に見ていきます。

現在ネット上に存在するほぼすべてのツールで、目的の情報に辿りつくためにワード検索というものが利用されています。ワード検索とは、複数の単語を「検索窓」に入れて関連する記事を探すことです。

ウェブサイト全体を検索する際にはGoogle検索が使用されますし、TwitterやInstagramにおいても、目的の情報を探す際にはワード検索が行なわれます（厳密にはInstagramの場合は、「ワード」ではなく、「タグ」や「場所」を検索します）。ですので、ウェブ発信をする側の視点としては、「検索された際に、いかにその情報に辿りついてもらえるか」という視点が重要になります。

具体例を挙げて説明していきましょう。たとえば、グルメな人が美味しいお店を紹介するブログ記事を多くの人に見てもらいたいと考えた場合、どのようなタイトルを付けることが適切でしょうか？　次の二つのうちから選んでみてください。

1．おいしいお店を訪問しました

2．○○市にある□□□店の絶品ハンバーグを完食

言うまでもなく、「2」が適切です。「1」においては、「おいしい」や「お店」など、抽象性の高い単語が使用されており、同じ言葉が使われているウェブページは無数にあるからです。google検索で「おいしい　お店」というキーワードを入力した人がいても、無数の記事の中でトップページに掲載されるのは何十万ページビューを獲得しているページだけです。つまり、何にでもあてはまる言葉を選んでいては、ページを見つけてもらうことすら難しいのです。「2」では、「○○市」「□□□店」「ハンバーグ」「絶品」という具体性の高いワードが四つ使用されています。検索ワードの具体性が高ければ高いほど、検索対象が絞り込まれていき、結果閲覧される可能性が上がります。

つまり、このプロセスを逆算し、タイトルや文章中に具体的で検索されやすいであろう単語を想像して組み込んでいくことが必要だと言えます。さらにその単語が、ウェブ上に存在する数が少なければ少ないほど、検索から訪問者が訪れる可能性が高まります。どのような単語を使用するのかを意識し、使っていくことで、ウェブ発信の効果が高まるのは間違いありません。

○関連性の高い分析パート #佐久間悠（p. 158） #川辺直哉（p. 206） #相波幸治（p. 194）

Instagramのタグを観察するとクライアントの世界が見えてくる

自邸を依頼するクライアントはそもそも、どこで建築家を知り、何が依頼の決め手になるのでしょうか？ それを知る手掛りの一つがSNSにあります。そうしたクライアント層の思考に触れるには、SNSの中でも、Instagramの投稿を閲覧することが有効です。

たとえば、住宅を建てるという行為は、多くの人にとって一生に一度のことです。設計を依頼してから無事に家が完成するまでの間も貴重なプロセスです。それを記録しつつ他者にも発信したいという気持ちになる方も多いようで、住宅の建設現場の様子や、打ち合わせのプロセス、建設予定の平面図なども多数投稿されています。まずハッシュタグの「#マイホーム」を検索してみてください。そこに並んだ写真の中から、現場の写真などをタップしてみてください。そこに併記されているタグをさらにタップしていくことによってクライアント層がどのような考えを持っているかを垣間見ることができます。建築家と異なる視点ですが、住宅にとても愛着を感じている人たちの考えに触れることができます。クライアント層の世界を見ることで、建築家としての視点を相対化することもできますし、視野を広げることができるとも考えています。

これらのタグを観察した結果を、自身のInstagramでの発信に活用する方法については、3章第5講・

堀部直子さんのパートで詳細に解説していますので、そちらをご覧ください。

○関連性の高い分析パート　#堀部直子（p. 120）

同じ作品でも伝える言葉で受け取られ方は異なる

建築家が自身の建築作品を伝えるためのウェブ発信は、写真のみでなく作品名や簡単な文章を添えて投稿されることが一般的です。作品名や説明テキストを適切に考案することによって、その建築の特質が明確に伝わり、より近い関心を持つ人たちに情報が届くようになります。

これまでの、アーキテクチャーフォトでの作品紹介の例を挙げて説明してみます。

以前、建築家の森下陽さん（amp/アンプ建築設計事務所）（静岡県・浜松市を拠点とする建築家）が設計したコインランドリー〈LAVANO 高塚店（SK2）〉を紹介させていただいたことがあります。そのコインランドリーにはカフェが併設されており、そのことによって地域のコミュニティの場としても機能しているという建築でした。私は、この作品をアーキテクチャーフォトで特集記事として紹介するにあたり、ただ設計者の名称とそのビルディングタイプ・作品名のみで簡潔に表現するのでは、そのコンセプトの面白さ、空間の良さが十分に伝わらないと感じました。そして、次のようなタイトルを考案し公開しました。

森下陽による、地域コミュニティの場としての機能を担うカフェをプログラムに取り入れたコインランドリー〈LAVANO高塚店（SK2）〉

（出典＝http://architecturephoto.net/62436/）

現在、コミュニティデザインという言葉が建築の世界にも定着し、まちづくりなどの視点も建築分野においても注目を集める状況があります。この状況を踏まえ、単に「カフェ併設コインランドリー」と紹介するのではなく、その建築が「地域コミュニティの場としても機能している」ということに意味と価値を見出し、表現したのです。

　このタイトルでアーキテクチャーフォトに作品掲載をし、また各種SNSでも投稿を行いました。その結果、この作品はより多くの注目を集めることに成功しました（アーキテクチャーフォトの週間ランキングでも4位に位置しました）。も

森下陽による、地域コミュニティの場としての機能を担うカフェをプログラムに取り入れたコインランドリー「LAVANO高塚店(SK2)」

architecture, feature

all photos(C)長谷川健太

森下陽 amp/アンプ建築設計事務所が設計した、静岡・浜松の、地域コミュニティの場としての機能を担うカフェをプログラムに取り入れたコインランドリー「LAVANO高塚店(SK2)」です。

森下陽 amp/アンプ建築設計事務所による「LAVANO高塚店（SK2）」をアーキテクチャーフォトで紹介した記事

ちろん、作品が素晴らしかったということは前提ですが、その「意味」を適切に説明する形で紹介することで、より多くの注目を集められたことは間違いない事実でしょう。常に建築の作品のどこにその特質が存在するのかを把握し、適切に発信することが重要です。

◯関連性の高い分析パート　#連勇太朗（p. 134）　#堀部直子（p. 120）　#佐久間悠（p. 158）

3　移り変わる社会の変化を意識する

常に社会は移り変わる

第3講の前節（p.87）で「情報は受け手に合わせて編集する」と説明しました。しかし、その受け手を含む「社会」は常に移り変わっていくものです。この〝常に変化していく〟という意識も重要です。

たとえば、2017年現在において「リノベーション」という言葉は、建築業界のみならず一般メディアでも盛んに使用され、住まいに関するトレンドワードと言ってもよい存在となっています。しかし、そのトレンドも永続的に続くわけではありません。一つの選択肢として定着することは間違いありませんがムーブメントには必ず終わりが来ます。現時点の盛り上がりを維持したまま使用され続けていく可能性が高くないのは、だれしもが思うところでしょう。

SNSには、それぞれ反響が可視化される仕組みがある

そして、社会がそのように変化した後に、建築家が自身の改修作品を、その変化を意識せず、以前と同じように「リノベーション」として発信しても、その効果は期待するものにはならないでしょう。

リーバイスの著名なジーンズに「501」というモデルがあります。この501の名称は現在も継続していますが、そのシルエットや仕様は、時代と共に常に変化をし続けているのです。社会の流行がワイドシルエットに傾いた際には、それに合わせてワイド気味に変化するというように。このように、変化し続けることで、移り変わりの激しいファッションの世界で生き残ることができているのです。

ウェブ発信でも同じです。時代の変化によって社会（受け手）の感覚も変化していきます。その変化に常に意識的になること、そして変化に柔軟でありマイナーチェンジを積み重ねることが重要なのです。

○関連性の高い分析パート　#豊田啓介（p. 170）　#伊礼智（p. 146）　#佐久間悠（p. 158）

発信された情報と、受け手の反応の関連性を観察し学ぶ

新聞やテレビ、街ゆく人のファッションなど、常に多角的にアンテナを張り、社

会の変化を意識することは重要ですが、なかでも、SNSはこの社会の感覚を理解するのに役に立つと言えます。

実際に使っている方はわかると思いますが、SNSでは、建築に限らず様々な意見、トレンド、などがとてつもないスピードと量で日々流れてきます。それぞれの投稿は単体では見えづらいかもしれませんが、その総体を意識して見ていくと、社会の動きが見えてきます。

SNSには、それぞれ投稿に関するリアクションを可視化する機能があります。Twitterには「リツイート」「いいね」という二つの機能から、その投稿に対する共感の力を見ることができます。Facebookや Instagram にも「いいね!」という機能があり、その投稿の反響数を知ることができるでしょう。このようにウェブ上には、特定の投稿や意見に対する共感量が可視化される仕組みがあるのです。日常的にこれらのツールを使用する方も、ただ漠然と「いいね!」をしたりされたりするのではなく、発信された情報とそこに対する反響をセットで見ていけば、社会の動きを肌で感じることができ、自然と、社会的要請や時代の志向する建築のあり方が掴めるようになるでしょう。

○関連性の高い分析パート　#藤村龍至（p. 108）　#豊田啓介（p. 170）

自身の発信への反響から社会の見方を予測する

さらに言えば、SNSに自身の理論や意見を投稿して、そこに対する反響を観察することも有意義だと考えています。

私自身、Twitter上ではアーキテクチャーフォトのアカウントとは別に個人のアカウントも運用しています（@rengoto）。そこでは、自身が訪問した建築や、読んだ本の感想、経験したことを投稿しています。継続的に投稿していると、リアクションが大きい投稿や、全く反応のない投稿など、様々な反応があることがわかります。そこには、大きな学びの機会があると考えています。ただし、2章第2講（p.68）でも書いたとおりSNSでの反響を得ることだけを目的とし、その数値を増やすことのみに没頭することは、建築家にとっては意味のあることではありませんので注意が必要です。

○関連性の高い分析パート　#藤村龍至（p. 108）　#豊田啓介（p. 170）

3章

ウェブを使いこなす建築家たち

実践・分析編

実践から学ぶウェブの使い方

ここでは、私が以前よりそのウェブ発信の方法に注目してきた9人の建築家を取り上げ、そのウェブ上での活動を分析していきます。

「学問としての建築」を志しウェブを活用する建築家、「ビジネスとしての建築」のためにウェブを活用する建築家、その両方のためにウェブを活用している建築家、様々なスタンスでウェブ発信する建築家を取り上げています。スタンスだけでなく、その発信の仕方も、ホームページ、ブログ、Twitter、Instagramと様々です。できるだけ多様な活動を紹介できるように努めました。

建築家のウェブ発信は、個々の目的や特質に合わせて行われることで効果を発揮しますので、この分析で紹介した建築家の方々の手法は、読者の皆さんがそのまま参考にして効果が上がるとは言い切れません。しかし、そのエッセンスや理論を理解し、自身の建築家としての特質に合わせてトランスフォーム（変形）させることで、有効なものとなっていくことは間違いないと言えます。

また、各建築家の分析の末尾には「実際にお話を伺って」というパートを設けています。ここでは、私自身が、分析を踏まえ、建築家本人に、ウェブ発信の実際の効果や、ウェブ発信において自身が意識していること、考えていることを伺い、簡潔にまとめました。こちらも、ウェブ発信について学びたい建築家の皆さんにとって、大きな手助けとなることを確信しています。

3章は2017年7月~2018年1月の期間に取材・執筆しました。分析対象とした建築家の方々はウェブ発信に長けており、常に試行錯誤を続けています。ですので、執筆内容と現状に若干の違いがみられる部分があります。ですが、その〝違い〟も含めて閲覧・考察していくことで、ウェブ発信について深く学ぶことができると考えています。

第4講

藤村龍至さん（RFA）東京都

思考をブラッシュアップし社会と連鎖するTwitterの使い方

Ryuji Fujimura (@ryuji_fujimura) https://twitter.com/ryuji_fujimura

藤村 龍至 https://www.facebook.com/ryuji.fujimura.9

RFA http://ryujifujimura.jp/

photo by Kenshu Shintsubo

藤村龍至（ふじむら・りゅうじ）
建築家。1976年東京生まれ。2008年東京工業大学大学院博士課程単位取得退学。2005年よりRFA主宰。2016年より東京藝術大学准教授。主な建築作品に〈さいたま市大宮駅東口駅前おもてなし公共施設OM TERRACE〉(2017)〈つるがしま中央交流センター〉(2018)〈すばる保育園〉(2018)。

メディアも設計する意思を持つ建築家

藤村龍至さんは建築家としての活動当初より、建築設計のみならず自身が主体となった議論の場や発信を行ってきた人物として知られています。私自身、藤村さんたちが主催した、２００９年開催の建築を議論するためのイベント「LIVE ROUND ABOUT JOURNAL」に聴衆として参加したことがあります。イベント会場後方には「編集スペース」が設けられており、そこでは、驚くべきことに当日の議論をその場で文字に起こし、編集をし、新聞のような形式で発行するということが行われていました。それを目の当たりにした時、藤村さんは、建築だけでなく、イベントを含むメディアも設計し、発信しようとする意志のある方だと強く感じました。

また、２０１０年に行われた「浜松建築会議」というイベントでも共に議論をさせていただいたことがあります。イベントの壇上で、各者の発表に的確なコメントをすると同時に、Twitter での当日の会議に関するコメントをピックアップし、リアルタイムで、そのコメントを会場の議論にも反映させていく様子は、非常に新鮮でしたし、ＳＮＳを使いこなしている建築家であるという印象を受けました。

様々なメディアからより注目されるようになった現在でも、藤村さんはＳＮＳで発信することを継続しています。私はそれをフォローして一読者として閲覧していますが、藤村さんのウェブ発信は、自身の活動をＰＲするだけではなく、自身と社会との距離を測ったり、自身の考えをＳＮＳでの対話の中から洗練させようとする姿勢が感じられます。第4講では、「学問としての建築」を志す建築家の皆さんに藤村さんのウェブ発信から学ぶべき視点をいくつか紹介します。

SNS上で行う小さな思考実験

私は、主にTwitterとFacebookで藤村さんのウェブ発信をフォローしています。ウェブを通じて、自身の考え方をブラッシュアップしたり、ウェブ上に建築を批評する場をつくろうとする藤村さんにとってSNSは最適なツールです。

ウェブの中でもSNSは、自身の発信に関するリアクションが得られやすい場だと言えます。自身の発言に対し、同じサービスを使用している人ならだれでも、コメントがしやすい仕組みがつくられています。

特にTwitterとFacebookは、同じSNSでもInstagramと異なり、テキストの優位性が高い設計がなされ、ジャーナリストの津田大介さんや批評家の東浩紀さんに代表されるように言論の場として機能しており、批評を発信するのに適していると言えます。また、どちらにも、「いいね」ボタンがあります。投稿内容に対しワンクリック（ワンタップ）でその意思を伝えられる仕組みが存在しており、ウェブ上に発信した自身の論考や、理論に対する反響の大きさをすぐさま知ることもできます。これは紙媒体にはないウェブ独自の仕組みだと言えます。

実際に私も、そのような感覚でSNSを眺めているところがあります。アーキテクチャーフォトには様々な情報が掲載されますが、その情報が読者の琴線に触れたかを、その投稿に対するSNS上での反響から推測することができます。Twitterならば「リツイート」「いいね」の数、Facebookならば、「いいね！」の数が、投稿ごとに大きく異なります。そしてその数は、リンク先の情報が同じだったとしても紹介の文章の書き方を少し変えただけで、大きく伸びたり減ったりします。その違いを観察・分析していくことで、自身の考えを社会に理解してもらうための手掛りを得られると思っています。

建築家が自身の理論を発信したとしても、その理論が正確に伝わり、多くの方々に理解してもらえなければ意味がありません。そのためには、常に情報を受け取る側の聴衆や社会の動きを感じている必要があります。TwitterやFacebookに、自身の考えを発信することは、どのような言葉で、どのように説明すれば聴衆・社会に響く言葉になるのか理解するための、小さな思考実験と捉えることができます。

藤村さんが、日常的に自身の考えをTwitter、Facebookに投稿し、それに対するリアクションを閲覧したり、拡散したりする行為は、自身の建築理論をブラッシュアップしたり、社会に伝えていくことに大きく貢献しているはずです。

ウェブ上に自身の作品の批評空間を生み出す

藤村さんが、埼玉の大宮駅前に完成させた〈OM TERRACE〉という公共施設があります。〈OM TERRACE〉は、公共トイレ・レンタサイクルのステーション・屋上に設けられた「TERRACE」と呼ばれる空間で構成された建築です。特に「TERRACE」は、都市との距離感が絶妙にコントロールされており訪問者が自然と滞在したくなる雰囲気が生まれています。とても興味深い作品ですが建築のみならず、この建物を取り巻くウェブ上の動きも興味深く感じました。

内覧会後から数日間、私のFacebook、Twitterのタイムラインは〈OM TERRACE〉に関する、建築家による批評テキストで埋め尽くされました。藤村さん自身が呼びかけたことで、〈OM TERRACE〉を訪問した建築家たちの様々な論考が投稿されTwitterのリツイート機能・Facebookのシェア機能を活用してSNS上をジャックするような状況が起きていたのです。

アール・エフ・エーによる〈OM TERRACE〉 photo by Takumi Ota

一般的に建築メディアでは、建築家自身による作品解説は間違いなく見ることができますが、その建築に対する批評というのは必ずしもみられるものではありません。SNSを利用し、様々な建築家がそれぞれの視点で同じ建築を語るという状況は、その作品に対する多様な見方を促します。私自身、その批評から、〈OM TERRACE〉の建築としての様々な側面を知ることができました。特に建築家の玉井洋一さん（アトリエ・ワン　パートナー）による『これは大宮駅前における「基準階の無い雑居ビル」なのではないか』という視点にはハッとさせられました。だれもが触れているビルディングタイプを変形することで「人通しと風通しがいい」空間が生まれているという指摘は非常に腑に落ちるものでした。

どのような建築家にとっても、自分の手掛けた空間を体験した他者の批評は歓迎すべきものですし、それが自身の建築に対する思考を発展させるヒントになります。

また藤村さんは、SNSを利用して自作に関する批評を拡散することで、自身の作品をより深く、自身のフォロワーに理解してもらう機会としても意図したはずです。ウェブ上に投稿された多数の建築家たちの多角的な指摘・解説によって、〈OM TERRACE〉の建築としての意義や存在が鮮明になったのです。

紙媒体に掲載される批評や解説はアカデミックな建築の世界でその価値を位置づけるために必要だと思います。建築作品の発表の場、議論の場というのは、現在でも紙の専門誌上で行われることが一般的ですし、歴史が積み重なっていき、それが未来に参照される媒体として、世の中に残っていくという雑誌メディアの存在はきわめて重要です。しかし一方で可視化されたSNSの批評は、その多面性・重層性という意味において、〈OM TERRACE〉に新たな価値を与えています。この建築を中心に言説が飛び交う様子は、ウェブを使用した建築の伝達の発明であり、間違いなく作品発表の形態そのものを進化させたと言えます。

藤村さんの〈OM TERRACE〉は、建築家自身によるウェブを活用した新しい作品発表の可能性を示したと言えるでしょう。アーキテクチャーフォトとしてもウェブ発信の新たな局面に大きな刺激を受けました。藤村さんに続き、様々な建築家がウェブを活用した新しい作品発表の形を提示してくれることにも期待をしています。

フォロワーを巻き込むことで関連性を生み出す

藤村さんのTwitter活用で、最も印象に残っているトピックの一つは、自身の新しい事務所名を決めるのに、Twitterのアンケート機能を利用したことです。Twitterにはアンケート機能という仕組みが存在しており、自身で質問と回答を設定し、Twitterユーザーを対象に、意見を募ることができます。藤村さんはこの機能を使用し、自身の新しい事務所名を決めたのです。

藤村さんの2015年12月14日の投稿には「2016年4月に事務所名『藤村龍至建築設計事務所』を改称します。建築設計の仕事も増えているのですが、まちづくり検討業務や合意形成支援業務など自治体との仕事も増えてきたのでふさわしい名称にしたいと考えています。どれがいいと思いますか。」という説明とともに、「藤村総合計画事務所」「アール・エフ・エー」「Studio-R」という三つの新しい事務所名の候補が提示されていました。それを見たユーザーが、自身がふさわしいと思う名称をクリックし、最終的にアンケートには、合計１４２２票もの投票が集まっていました（最も多く支持されたのは藤村総合計画事務所でしたが、その後にアール・エフ・エーに改名されました。アンケート結果を参照しつつ藤村さんが決断されたのでしょう）。

自身の事務所名を決めるためにアンケートを採ると言うのは大胆ですが、少なくとも投票した１４２２人は「どの名前になるのだろう」と、その動向に一喜一憂していたことが予想されます。そして、このアンケートに投票した方々は、事務所名を決めるという一大事に協力したことで、少なくとも以前よりも親近感をおぼえたと思います。なかにはより、藤村さんの「ファン」になった方もいたはずです（ファンを増やすことの重要性は２章を参照）。

こうした「参加型」の手法はネットではよく用いられます。クラウドファウンディングという仕組みをご存知でしょうか？　自らが構想するプロジェクトをウェブ上で表明し、それを金銭的にサポートしてくれる方々を募るという、プロジェクト実現のための資金調達の手段

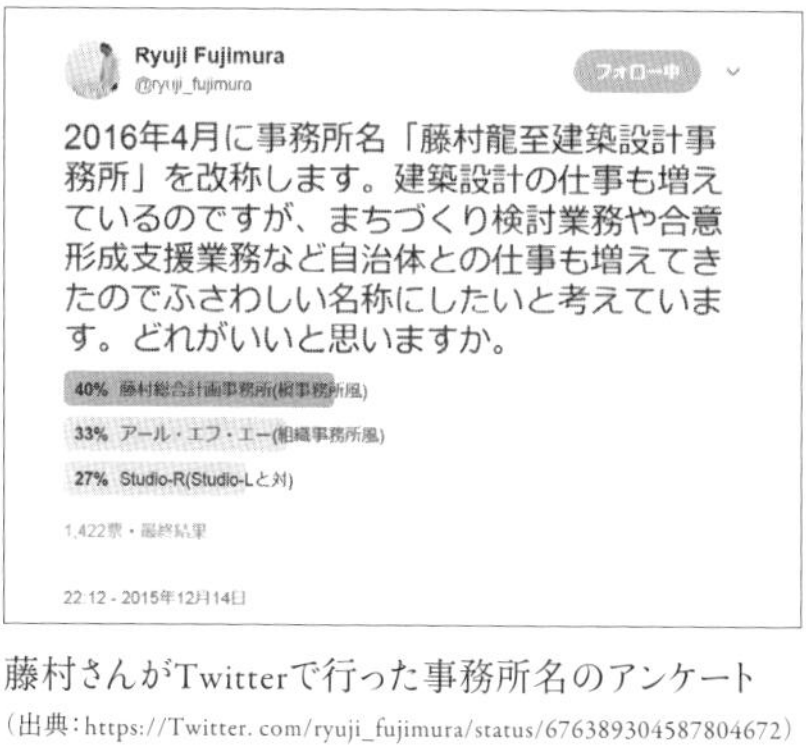
Ryuji Fujimura
@ryuji_fujimura
フォロー中
2016年4月に事務所名「藤村龍至建築設計事務所」を改称します。建築設計の仕事も増えているのですが、まちづくり検討業務や合意形成支援業務など自治体との仕事も増えてきたのでふさわしい名称にしたいと考えています。どれがいいと思いますか。
40% 藤村総合計画事務所(純事務所風)
33% アール・エフ・エー(組織事務所風)
27% Studio-R(Studio-Lと対)
1,422票・最終結果
22:12 - 2015年12月14日

藤村さんがTwitterで行った事務所名のアンケート
（出典：https://Twitter. com/ryuji_fujimura/status/676389304587804672）

です。今では、それを行う様々なプラットフォーム（国内ではReadyfor、CAMPFIREなどのサイトが有名）が存在しています。このプラットフォームでは、資金を集めることが第一の目的なのは間違いないのですが、プロジェクトの実現プロセスに参加してもらうことで、プロジェクト自体の意義や魅力をより身近に感じてもらう、ファンになってもらうという側面も大きいと言われています。

藤村さんの事務所名アンケートも同じだと言えます。

事務所名と言う建築家のいわば「顔」を決めるプロセスに多くの人を巻き込み、当事者になってもらう。その事務所名の決定に関わることができた人たちは、以前より藤村さんの活動に思い入れを持つのは間違いないでしょう。これは、Twitterのアンケート機能を使用し、フォロワーを巻き込み、自身とフォロワーの間に関係性を生み出し距離を縮めるための試みといえるでしょう。

ウェブの世界とはいえ、他者とつながること、関係性をつくるということは非常に重要です。

その重要性は、アーキテクチャーフォトというウェブサイトを運営してきた経験からも断言できます。

アーキテクチャーフォトでは、様々な建築家の方々に作品を投稿していただいています。私は、掲載させていただいた作品に関しては、必ず、その作品のどこを素晴らしいと感じたか、なぜその作品を掲載するに至ったかを、掲載のご報告と共に記すように努めています。それは、建築作品をただ載せているのではなく、評価し、理解したうえで載せているのだということを建築家の方々に知ってもらうことでアーキテクチャーフォトのコンセプトや日々の発信により親しみを持ってほしいからです。

対面ではないメールだけのやり取りだったとしても、実はこの感想をキッカケに建築に関する議論が生まれることも数多くありますし、そこから、私自身が大きな学びを得たりすることもあります。多くの建築家の方から、何度も作品完成の際に連絡を下さるという状況も生まれています。そうした対話の先に生まれた関係性があるから、建築家の皆さんがアーキテクチャーフォトというメディアに信頼を寄せてくださっているのだと思っています。

藤村さんがTwitterを使用して行った事務所名に関するアンケートや、自身の書籍や作品に関するコメントに対してリアクションを行う行為も、自身と他者との間に関係性を生み出し、信頼感を育む行為と言えます。それは、最終的に自身の活動を後押ししてくれる人たちを増やすことにもつながると言えるのです。

—実際にお話を伺って—

藤村さんは対話のなかで、自身がTwitterに投稿することを「息をするようにツイートしている」と表現しました。この一言からも、SNSを日常的に使いこなす建築家だという印象を強く受けました。

そして、自身の建築家としてのスタイルを「フィードバック型」だとも言います。これまでの建築設計において、自身が得た知見を常に新しく取り込み、建築を進化させてきたそうです。Twitterはその点で、自身の建築思考を発展させるために有益なのはもちろん、Twitterを通じて自身の思考が業界の内外に伝わっている手ごたえも感じているとのことでした。

また、お話の中で特に面白かったのは、対象を区別しないという発信の姿勢です。近年、公共施設の設計業務など行政と関わる仕事が増えている藤村さんですが、建築家・行政・市民とだれを相手にしても、建築の説明の仕方・発信の仕方を変えないと言います。一見、本書のウェブ発信の考え方とは真逆のように感じますが、詳しく話を聞いてみるとそうではありませんでした。藤村さんは、発信する前の自身の理論を、「だれもが共感でき、だれにとっても合理的である」ことを追求すると言います。つまり、どの媒体で語っても、だれに語っても通じるものになると考えているのです。発信のより上位の段階でだれしもがわかるように理論構築した上で、あえて「同じ言葉」で発信する、ということはかなり高度な論理的思考が必要となりますが、そうした思考能力の鍛錬も、SNS上で行うことができるという可能性をみせてもらったように思います。

ウェブにおける建築家の批評空間については、アカデミズムにおける評価の重要さを認識しつつも、多様な立場の建築家がウェブで発信することによって、建築論壇が一方的にならず、両者が良い緊張感を保つことができるのではないかとも語っていました。また、自身の作品をほかの建築家に批評してもらうという行為は、東工大・塚本研究室の慣習をウェブ上に持ち込んで生まれたものだそうで、ここにも、今までの経験を、発展させる藤村さんの思考が垣間見られます。

最後に、「学問としての建築」を志す際に、その「意味」を意識することの重要性も語ってくれました。自身が建築を設計し発表する際に、建築の歴史・現代社会の背景などを読みこんだ上で、なぜその作品をつくったのかという「意味」を発信することが重要だと言います。私もこの考えにとても共感します。建築物が、「建築作品」として第三者に評価されることには、この視点が大きく関わってくると思います。

とはいえ、「すべてが意味のある投稿だと息苦しくなる、半分くらいズッコケ感がないといけない」と話す、理論派の建築家として知られる藤村さんの人間味あふれる側面も、多くのフォロワーからの支持を集める要因であるはずです。藤村さんの建築とウェブ発信に一貫する思考を実感できる対話でした。

関連性の高い理論パート

#

#活動を俯瞰して他者と比べることで強みを見つける（p. 58）#ファンの心を掴むことが、大きなメリットを生む時代（p. 73）#ネットでは広範囲での「ファンづくり」がだれでもできる（p. 76）#自分が伝えたいことは、全体のバランスを見て発信する（p. 93）#発信された情報と、受け手の反応の関連性を観察し学ぶ（p. 102）#自身の発信への反響から社会の見方を予測する（p. 104）

第5講

堀部直子さん（Horibe Associates）　大阪府

潜在的なクライアントとつながるためのInstagramアカウント

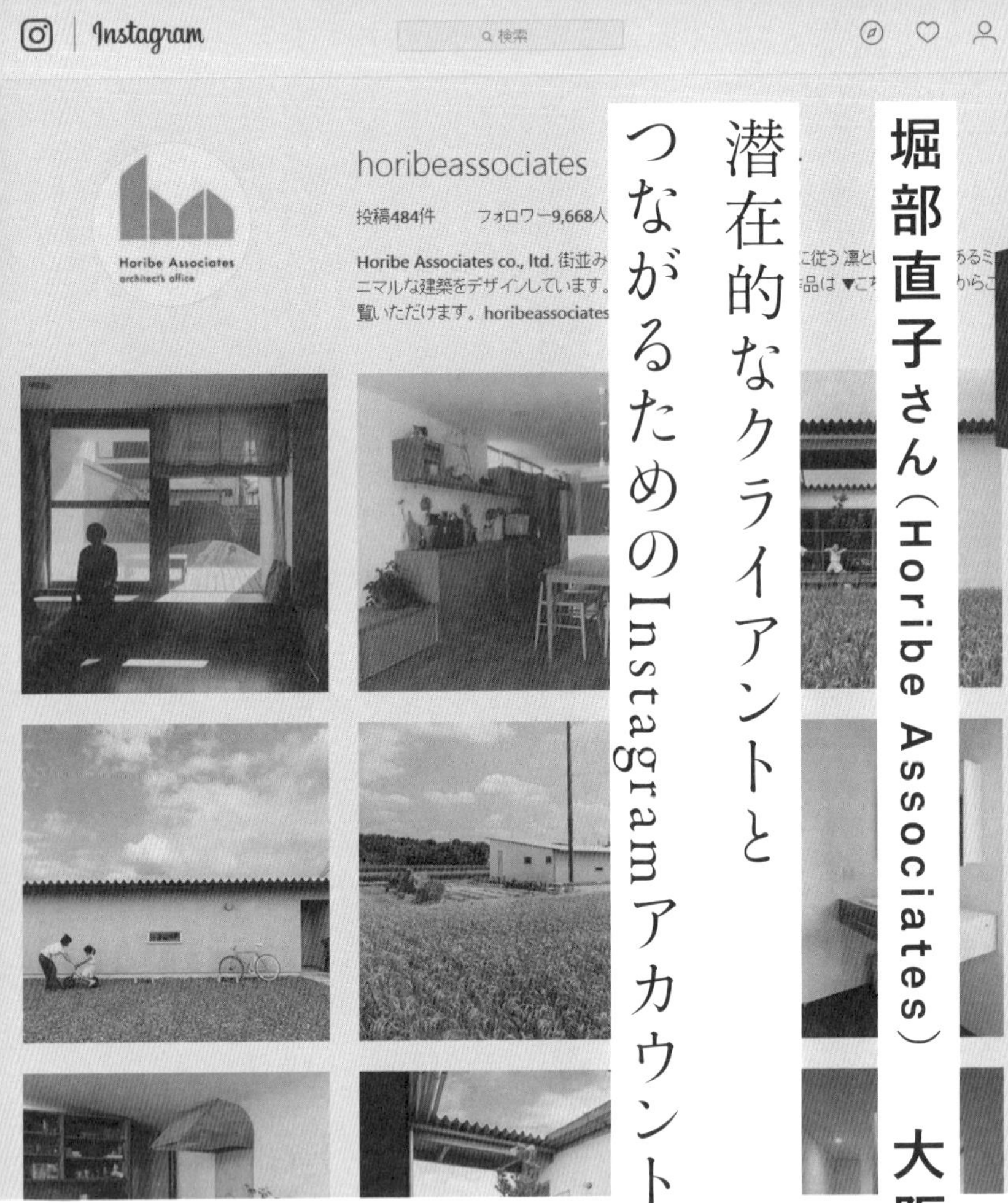

photo by Horibe Associates（上段左），市川かおり（上段中），笹の倉舎　笹倉洋平（その他）

Horibe Associates 🖵 https://www.instagram.com/horibeassociates/

女性建築家 堀部直子|大阪・関西・北摂|設計事務所|建築デザイン 🖵

http://horibeassociates.com/

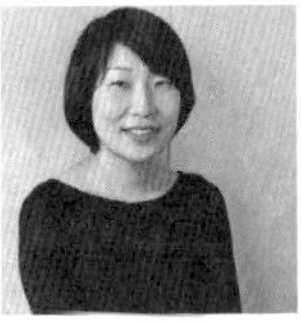

堀部直子（ほりべ・なおこ）

建築家、株式会社Horibe Associates代表。1972年生まれ。1995年近畿大学理工学部建築学科卒業。建築設計事務所勤務を経て2003年堀部直子建築設計事務所設立。2012年法人化に伴い現職。2012年～近畿大学建築学部非常勤講師。

Instagramを使いこなす建築家

堀部さんのInstagramアカウントの存在を知ったのは、アーキテクチャーフォトが、2016年3月にInstagramの運用を始めてからです。海外の建築メディアに掲載されるなどの堀部さんのご活躍はそれ以前から知っていたものの、そのフォロワー数を見て驚きました。2017年8月現在で、9000フォロワーを越えています。この数は国内の建築家アカウントとして見るととても多い数字です。

アーキテクチャーフォトは、Twitter、Facebookに関しては、比較的早い時期より運用を行っていたのですが、Instagramについての運用歴はまだ浅いため、試行錯誤をしながら建築家の方々が、InstgramをどのようにInstagram活用しているのかをリサーチしている最中でした。そして、建築関係者のなかでも特に優れた使い方をされているなと感じたのが堀部さんだったのです。

未来のクライアントにアプローチするハッシュタグの使い方

Instagramアカウントを、通常の仕様からビジネスアカウント（ツール上の設定により切り替えることが可能）に切り替えることで、事務所への連絡が容易になったり、ツール内のアクセス解析が閲覧できるようになるといった、基本的な使い方の話もありますが、ここでは、堀部さんのInstagramでのハッシュタグ（以下、タグ）の使い方を分析していきたいと思います。

Instagramにおけるタグの付け方は最も重要と言っても過言ではありません。Instagramには、各投稿に記載されたタグによって、同じタグを付けて投稿されたすべての写真をソートする機能があります。たとえば「#建築」というタグを画面上でタップすると、同じタグが付けられた写真が時系列で一覧表示されます。ユーザーは、自身が調べたいイメージを閲覧するために、このタグをワード検索したり、自身が気にいった写真に記載されているタグをタップして類似するイメージを一覧表示するなどして、Instagram内の写真を見て回っています。

タグは、基本的には自由に自分で考案できます。タグを付けるという行為は、限られたユーザー同士の半クローズドな交流を目的とし、独自のタグを考えてある種日記的にアカウント内の分類を目的とする使い方もありますが、あくまでメディア発信のツールとして使うならば、「自身の投稿をどこのグループ内に所属させるか決めること」と捉えた方が良いです。Instagramをリサーチしていくと、無数にあるタグの中に、特に多くの人が共通して使用するタグが存在していることがわかります。その中には、たとえば建築家が良く見ているタグもあるでしょうし、クライアント層が見ているタグもあります。Instagram自体は世界中で使用されているツールなので、それぞれの国の言語によっても使われるタグが変わります。この状況を踏まえると、自分自身しか使わないタグより、Instagram全体の中ですでに使われているタグを探したり、自身の投稿に最適なタグを調べ、投稿に記載することで、その投稿が多くの人の目に触れることになるのです。これは、建築設計に喩えるならば、周囲のコンテクストを読み込んだり、都市構造を分析してから設計に取り掛かることに近いと言えるのではないでしょうか。

堀部さんのハッシュタグの使い方を見ていくと、潜在的なクライアント層に自身の投稿を届けるための巧みなアイデアが込められていることに気がつきます。

たとえば「#マイホーム」というタグ。建築家がお互いを批評する際には、設計された建築物を「作品」と呼んだりすることが多いと思います。しかし、住宅を建てるクライアントたちの多くは、その住宅のことを「作品」とは呼んでいません。

では何と呼ぶか。クライアントにとって自身の建てる家を現在最も的確に表現する言葉は「マイホーム」なのです。同じ建物でも、建築家は「作品」と呼び、クライアントは「マイホーム」と呼ぶ。Instagram上には、「#マイホーム」というタグを付けて自身の住宅の施工現場の様子などを投稿しているクライアントが多数います。実際、2017年8月現在ではなんと86万件以上の写真がこのタグ付きで投稿されています。

先にも書きましたが、タグを付けることは、自身の投稿をどこのグループ内に入れたいのかを考える行為です。建築家が自身の設計した住宅を、未来のクライアントに見てもらいたい、そして仕事につなげていきたいと考えたときに、どのようなタグを付けたら良いかは明らかだと言えます。

クライアント層の多くが見ているタグを自身の投稿に記載することで、そのグループの一覧に自身の作品の写真を入れることができれば、あなたの建築作品の写真を未来のクライアントが目にする機会は格段に高くなるでしょう。

同じ住宅を建築家が「作品」と呼び、クライアントが「マイホーム」と呼ぶように、建築家の使う言葉と、クライアントの使う言葉は必ずしも一致していません。そのほかには、建築家が「平面図・プラン」と呼ぶところを、クライアントたちは「間取り」と呼んだりします。これは、どちらも正しい日本語です。肝心なのは、使う言葉の違いを認識することです。受け手の言葉を理解することで、自身のウェブ発信を届けたい場所に、正確に届けられるようになります。堀部さんのタグの使い方を見ていると、自身が届けたい場所、未来のクライアントに、自身の投稿を届けるための適切なタグ使いがなされていると感じます。

ここまでは、未来のクライアントに自身の投稿を届け、仕事につなげるということを説明してきましたが、学問として自身の建築を発信する際にも、同様の思考方法が当てはまります。

建築家たちが閲覧しているであろうタグを想像し、自身の投稿に掲載すれば良いのです。たとえば、アーキテクチャーフォトでは、投稿してくださった作品を、Instagramに投稿する際に、「建築」というワードを、各国の言葉に翻訳しタグとして記載して投稿しています。アーキテクチャーフォトは日本語で運営され、日本国内の建築家の方々を対象としたメディアですが、Instagramでは、海外に発信することを目的の一つに位置づけたのです。たとえばイタリア語、スペイン語、ドイツ語、中国語、タイ語などのタグをつけ投稿を行っています（#architettura #architektura #arkitektur #架构 #สถาปัตยกรรม）。実際、海外の方々からの「いいね！」や様々なコメントのリアクションも見られます。

堀部さんのInstagram投稿例　photo by 市川かおり

最後に書いておきますと、このハッシュタグを付けておけば間違いない、というものはありません。常にユーザーの興味や関心によって注目されるタグは移り変わっていきますし、投稿する写真によっても適切なタグは変わるはずです。ですので、その動向に注目したり、各人が小さな実験を積み重ねることが重要だと言えます。

建築を伝えるための写真を、Instagramに最適化する

2章でも解説しましたが、SNSごとのルールや慣習、仕組みを理解したうえで投稿内容を考案すると、効果的な発信が可能になります。ここでは、堀部さんがInstagramの仕組みにどのように対応し、発信されているかを見ていきたいと思います。

Instagramは、2010年ごろのサービス提供当初は、正方形比率の写真しか投稿することができませんでした。現在、そのルールは緩やかになり、横長や縦長などの写真が掲載できるようになっています。しかし、タグをタップしてソートされた後の一覧画面ではやはり、すべての写真が強制的に正方形に自動トリミングされて表示されるという仕様になっています。

つまり、あなたのInstagramアカウントをまだ知らない（フォローしていない）人たちが最初にあなたの投稿に出会うのは、特定のタグの小さな一覧画面の〝正方形にトリミング〟された写真だということです。

その小さな一覧画面の中の正方形にトリミングされた写真が魅力的で目に留まるものでない限り、あなたのアカウントを訪れてフォローしてくれるようにはならないでしょう（フォローされ日常的にあなたの投稿をみてくれるようになることで初めて、あなたの発信が日常的に、未来のクライアントに届くようになります）。ですので、ハッシュタグの一覧画面で、投稿した写真が目に留まるようなアイデアは必須と言えます。

堀部さんの投稿写真を見ていると、あることに気づきます。ほとんどの写真が、投稿時にあらかじめ正方形、もしくは正方形に近い形でトリミングされ投稿されているのです。こうすることで、サムネイルでの一覧表示時にも、構図が自動的に変えられてしまうことはありません。サムネイル画面でも、自身の意図どおりの構図で見てもらうことができるのです。

今までの建築写真は、紙媒体やホームページで掲載されることを想定して撮影されていることがほとんどだと思います。たとえば見開きA3サイズの雑誌に掲載されたときに、最もよく見える写真と、スマートフォンの小さなスクリーンの、さらにその一部のわずか〝20ミリ角〞で最も良く見える写真は異なります。

建築家の皆さんが数ミリの寸法差に頭を悩ますように、人間の知覚は繊細です。

堀部さんがInstagramに投稿されている写真は、正方形にトリミングされた上に、その対象物がシンプルに切り取られた写真が多くセレクトされています。それは、写真の情報量を意図的に落とすことにより、スマートフォンの小さい画面上で、自身の作品を閲覧者に認知されやすくするための配慮と言えるでしょう。

建築写真は、建築家にとって自身の作品を人に伝えるための説明書のようなものです。より多くの情報量が1枚に詰め込まれるように広角レンズを使用して撮影されるのが一般的です。

紙の作品集や自身のホームページでは、そのような写真が適しているのは間違いないでしょう。しかし、Instagramというツール上の小さな画像表示では、そのような写真の良さが伝わりにくいというのもまた事実です。ですので、Instagramに投稿する際には、その写真が最大限効果的かどうかを、写真家と相談したりしながら改めて検討することも重要だと言えます。ウェブ発信の基礎的な話に戻りますが、その場所に合わせて適切な方法で発信することが、その「良さ」を伝えるための最善の方法なのです。

自身の建築の特徴を明確に言い切る

Instagramのアカウントページには、自身のプロフィールを記載する場所があります。堀部さんのプロフィールを見てみると次のように書かれています。

街並みは形態に従い 形態は機能に従う凛とした個性のあるミニマルな建築をデザインしています。

（出典＝https://www.Instagram.com/horibeassociates/）

これは、堀部さんのホームページに記載されている自身の紹介文とは異なっています。ホームページには次のような記載があります。

建築はそれ自身の成り立ちとは無関係に完成と同時にその周囲の人々や街並み、環境にまで大きく影響を与える存在です。そして大切に使われているか否かその場所に馴染んでいるか否かに関わらず何十年もその土地に存在し続けます。

デザインだけでなく、機能だけでもない、建築に関わる様々な物事にこだわり続け何十年も人々に愛され、人々を守り、色褪せない建築それが私たちの求める建築のあり方です。

（出典＝http://horibeassociates.com/company-profile/）

この二つを比較してみると違いがわかるかと思います。Instagramの方では、文章がより短く簡潔にまとめられ、「ミニマル」という投稿写真にフィットする言葉が印象的です。逆にホームページの紹介文では、より長い文章で、自身の建築に対する思想について書かれています。

このように文章が異なるのは、Instagramとホームページの媒体の違い、そこでの目的を意識しているからだと言えます。

Instagramでは、まず未来のクライアントに自身の存在を知ってもらい、出会うことが目的となります。ホームページに掲載されている堀部さんの建築からは、「ミニマル」という一言では説明し難い、様々な素材の使い方、形態が使用されており、多様性を感じます。

しかし、Instagramでは〝伝え過ぎないこと〟が重要です。日々世界中から膨大な数の投稿が行われるなかで未来のクライアントに目を留めてもらうには、情報をコンパクトにし、認識し易さを高める必要があるのです。

堀部さんがInstagram上のプロフィールで自身の作品を「ミニマル」と言い切ってしまい、また投稿される写真もミニマル要素の強いものを選別して投稿することは、Instagram上で堀部さんの投稿と出会った方が、「ミニマル」な住宅を設計する建築家として堀部さんを記憶するのに大きく貢献しているでしょう。

もし、ホームページの文章をそのままInstagramに持ってきてしまった場合、堀部さんがどのような思想で設計をされているかを、未来のクライアントが、短時間で理解できないことは言うまでもありません。

Instagramを未来のクライアントとつながるための出会いの場とすれば、ホームページは、堀部さんの建築をより深く知りたい方が訪れるための場所です。そこに訪れる人たちの多くは、すでに堀部さんに何らかの関心を持っている人です。もっと知りたいと思ってくれる方に向けて、Instagramで行ったような情報をコンパクトに圧縮するような操作は必要ありません。

堀部さんのInstagramアカウントと、ホームページを比較することで、情報をどのように最適化するかがわかったと思います。それぞれの媒体に合わて情報を取捨選択し、適切な方法で発信することで、自身が目的とする結果に近づくのは間違いありません。

―実際にお話を伺って―

堀部さんいわく、ウェブ発信に力を入れはじめる以前は、年間の仕事の約8割が、建築家仲介会社を通しての設計依頼だったそうです。しかし、本格的にInstagramやホームページでのウェブ発信に取り組んだことで、その比率が反転し、約8割が自身のウェブを経由しての設計依頼に変わっていったといいます。つまり、今手掛けている仕事のほぼすべてがウェブからの依頼なのです。また「Instagram→ホームページ→問い合わせ」という流れでクライアントと出会うことも多々あるとのことでした。

堀部さんが、ウェブ発信に力を入れることになった背景には、仕事の受注先が1カ所に固定されることへの危機感もあったと言います。ビジネスという観点において受注先が限られるということはリスクになる側面があります（何らかの理由で仕事がすべてストップする可能性があります）。受注先が分散されつつ、継続的な受注があることで経営は安定するでしょう。

また、単純に直接の依頼が増加しただけでなく、分析中にも言及した「ミニマル」というキーワードを、自分から強く打ち出すことで、自身の事務所と相性のいいクライアントと出会うことができるようになったとも語っておられました。それは、堀部さんのデザインに価値を感じてくれるクライアントのために、より多くの時間を費やすことができる状況を生み出しているともおっしゃっており、事務所内に良い循環・雰囲気が生まれていると感じました。

「ミニマル」という言葉から、建築家の方々が連想するのは90年代にジョン・ポーソン（John Pawson）やアルベルト・カンポ・バエザ（Alberto Campo Baeza）が席巻したことでしょう。しかし堀部さんは、２０１６年ごろ、一般社会に〝断捨離〟が流行し、そこから派生した「ミニマリスト」というワードに注目しました。一般社会に「ミニマル」という言葉が浸透したことを好機と捉え、この言葉を意識的に使いはじめたそうです。この一般社会の動きに注目する姿勢にも、大いに学ぶところがあると思いました。

「建築本体の設計に力をいれるのは当たり前、今の時代はそれをどう上手く伝えていくかも問われている」と堀部さんが語ってくれたように、情報が溢れる時代だからこそしかるべき方法があるのです。

本講では、インスタグラムのみに注目して執筆してきましたが、堀部さんはクライアントへのプレゼンテーションの様々なフェーズにおいて、自身の強みを適切に、伝えようとする意識が行き届いた建築家だとも感じました。その紹介はまた別の機会にと思いますが、情報の受け手が求めるものを、正確に想像し提供することができているからこそ、多くのクライアントと出会うことができているのだと確信しました。

関連性の高い
理論パート
#

#仕事を依頼するのは、あなたの「ファン」だから（p. 75）#ネットでは広範囲での「ファンづくり」がだれでもできる（p. 76）#「ファン」を増やすことはウェブ上での営業活動でもある（p. 77）#だれに届けたいかで発信の仕方は変わる（p. 87）#単語の順番を考えることは、建築の動線を考えるように重要（p. 89）#様々な価値感を良し悪しではなく違いと考える（p. 94）#Instagramのタグを観察するとクライアントの世界が見えてくる（p. 98）#同じ作品でも伝える言葉で受け取られ方は異なる（p. 99）

第6講

連勇太朗さん（モクチン企画）東京都

アイデアを拡散し、事業を具現化するプラットフォーム

モクチン企画/MOKU-CHIN KIKAKU　http://www.mokuchin.jp/

モクチンレシピ｜木賃アパートを改修・編集・収益化　http://www.mokuchin-recipe.jp/

連勇太朗（むらじ・ゆうたろう）
建築家、NPO法人モクチン企画代表理事、慶應義塾大学大学院特任助教。1987年神奈川県生まれ。2012年、慶應義塾大学大学院政策・メディア研究科修了。主な著書に「モクチンメソッドー都市を変える木賃アパート改修戦略」（学芸出版社）。

建築の力を一般社会の中で活かしたいという意志を持つ建築家

連さんと出会ったのは、2010年に静岡県浜松市で行われたイベント「浜松建築会議」でした（連さんは当時学生で、まだモクチン企画を設立していませんでした）。物静かな好青年という第一印象と対比的に、プレゼンテーションの際には、力強くハッキリとした大きな声で自身の考えを述べる姿が、強く印象として残っています。その時のプレゼンテーションから感じた建築観は、建築業界の中だけで認められる作品をつくりたいというものではなく、広く一般社会の中で建築の力を使い、社会を良くしていきたいという思いが溢れるものだったと記憶しています。改めて、現在の連さんのモクチン企画の活動を見ても、その志が貫かれていることを感じます。

また、連さんによるモクチン企画は、実際に木造賃貸アパートの改修を手掛けることだけを、主たる活動としているのではありません。それと関連付けられるようにつくられた、「モクチンレシピ」という、木造賃貸アパートの改修のアイデアなどをまとめたポータルサイトの運営も、活動の大きな部分を占めているように見えます。連さんの活動は、建築家がウェブ上で、特定の分野のポータルサイトを運営するという視点でも興味深いものです。

建築家がポータルサイトを運営するということ

「モクチンレシピ」は、木造賃貸アパートを対象としたリノベーションのアイデアを提供するためのホームページです。様々な改修のアイデアは「レシピ」と呼ばれ、その写真やコンセプトをだれもが閲覧することができるようになっています。ただし、すべてを無料で見ることができる訳ではなく、各レシピの仕様書や図面は有料会員になることで閲覧することができる仕組みをとっています（今回はこの点には深く触れませんが、建築家のビジネスモデルという点でも興味深いと思います）。また、会員になっている工務店などが実際にレシピを使用して行った改修事例なども豊富に見ることができるようになっています。ホームページのデザインについても建築の専門家を対象にしたものではなく、一般層を意識したものだと言えます。ただし後述するように、モクチンレシピは連さんにとって、アカデミックな思考をベースとした社会実験の「実践フェーズ」であることも、意識しておきたいところです。

一般層を対象とした「モクチンレシピ」では、改修手法や施工事例が継続的に更新されていて、木造賃貸アパートのリノベーションに関するアイデアのポータルサイトと言えるものになっています。

ポータルサイトとは、一般的にウェブサイトを閲覧する際の入り口となるホームページのことを言います。日本で最も有名なポータルサイトと言えば「Yahoo! JAPAN」が挙げられるでしょう。様々なサービスがYahoo! JAPANのサイト内で提供されていて、日々のニュースや、テレビ番組の情報、動画などが提供されています。Yahoo! JAPANは、ウェブサイト上の多くの人がウェブを使う際の最初のページとなることを目的とし、サービスを充実させ、膨大な数の閲覧者を集めることで、広告（バナーやテキストリンクなど）ビジネスを展開しているのです。ウェブ上の入り口となるポータルサイトを構築することで、ウェブ上で多くの閲覧者を集めることが可能になります。モクチンレシピの場合、すべてのコンテンツはオリジナルなものですが、果たしている役割はポータルサイトのそれに等しいでしょう。

現実的には、Yahoo! JAPANのような、インターネットユーザーすべてをターゲットにしたポータルサイトを個人がつくることは、ライバルとなる企業の存在も多く非常に難しいと言えます。しかし、よりターゲットを絞り、専門性に特化したポータルサイトでしたら個人でもつくることは可能です。

言うまでもなく、アーキテクチャーフォトも専門性に特化したポータルサイトです。アーキテクチャーフォトでは、建築家・建築設計者を対象に、建築の意匠に特化して日々情報を提供しています。建築意匠に特化しつつも、幅広い建築家やデザインのトピックを扱うことで、建築家の皆さんに閲覧してもらえるサイトとなっています。

ポータルサイトの強みは、その間口の広さです。アーキテクチャーフォトは「建築」に特化していますが、「特定の建築家」に特化している訳ではありません。建築のデザインには様々な方向性がありますが、どのデザインを志向する建築家の方が閲覧しても、満足してもらえるサイトであるよう常に心がけています。結果として「建築」について知りたい様々な方々が、幅広く日々アクセスをしてくれています。

連さんが運営するホームページ「モクチンレシピ」が「木造賃貸アパートのリノベーション」に特化したポータルサイトと言えるのは、木造賃貸アパートを改修したい未来のクライアントや建築関係者、所有者がサイトを訪れることで、どのような手法（レシピ）があるのかを知ったり、その改修事例から学ぶことができるような、まさに入り口になっているからです。そのつくられ方も、建築サイトでは一般的な〝設計者名ありき〟の紹介ではなく、それぞれのアイデアがだれでも参照可能な〝アノニマス〟なものとして提示されています。この点においてもポータルサイトと認識されることを意図していると感じました。

このようなポータルサイト形式でのウェブ発信によって、連さんは、建築業界の周辺にいる木造賃貸アパートの所有者・それに関わる不動産会社・施工会社すべてを、自身の仕事の対象者とすることができているのです。

仮に連さんが木造賃貸アパートの改修を得意とする「建築家」として自身をウェブ発信していたらどのようになっていたでしょうか。もちろん、その方向性でも成功していた可能性はあると思います。しかし、連さんが現在パートナーとなっているような様々な地域の不動産会社と連携するというような仕事のあり方は実現していなかったはずです。あくまで、建築家である連さんに興味のあるクライアントのみから、作品として木造賃貸アパートを改修して欲しいという依頼のされ方（ウェブの閲覧のされ方）になっていたでしょう。

ポータルサイトとしてのウェブ発信の形態は、連さんが持つ、単体の建築を改修して満足するのではなく、都市全体を変えていきたいという思想にも合致するものですし、ビジネス視点で見ても興味深いウェブ発信だと言えるのです。


連さんのように、何かに特化したポータルサイトを建築家がつくってしまうという行為は、これからますます大きな可能性を秘めたアプローチだと思います。もちろんこれには、自身のホームページやブログを更新していく以上のメディアスキルが求められることは言うまでもありませんし、ビジネス視点だけではなく、そこに建築家として自身の活動の意義を重ねられるかということも問われると思います。

たとえば、近年建築家によるローコスト住宅を目にする機会も増えましたが、それらに見受けられるポジティブなコスト削減アイデア（内部建具を省略したみせる収納をデザインする、既製品樹脂製廻り縁を巾木に転用する、額縁や建具枠を省略したディテールを考案するなど）を集めたポータルサイトをつくることもできるかもしれません。このようなポータルサイトを通じて、未来のクライアントと建築家が出会う可能性は大いにあるでしょう。自身の専門性を活かし、今までにない切り口を考えることで、建築家がポータルサイトをつくることには、まだまだ挑戦の余地が残されているように思います。

一般目線で考えられたレシピの名称

モクチンレシピのホームページを見ていて真っ先に気がつくのは、すべてのレシピ（アイデア名）がだれにでもわかりやすいキャッチーな表現で秀逸にまとめられているということです。

いくつかピックアップしてみます。「まるっとホワイト［MWH］」（部屋全体を真っ白に塗装するというアイデア。現在は「カメレオンペイント」と合体し「ホワイト大壁」としてアイデアを提供）、「ゆるやカーテン［YRC］」（一つの部屋をカーテンで仕切ることでゆるやかに空間を分けるアイデア）、「スッキリ敷地境界［SSK］」（道路境界の塀を取り除くことにより建物をオープンにするアイデア）などギャグとも言える形でつけられている名前もあります。

これは、連さんが自身のアイデアを、建築業界の中

モクチンレシピ「ホワイト大壁」（出典：https://mokuchin-recipe.jp/recipe/WOK/）

だけでなく広く一般に届くようにと意図し、情報を発信しているからでしょう。たとえば、リノベーションにおいて室内をすべて白に塗装するという行為は、建築業界では一般的な手法であると言えます。しかし、より広い一般社会の枠組みで認知されている手法とは言い切れません。その行為を親しみをもって感じてもらうために、「まるっとホワイト」というキャッチーなネーミングをつけているのです。このように自身が伝えたい情報を、受信者に合わせて適切な形に編集するというウェブ発信の基本を極めて効果的に用いた例だと言えます。

余談ですが連さんは、建築意匠の専門メディアでも、自身の「モクチンレシピ」について語ることがあります。たとえば、新建築社発行の『JA106号 都市へ向かう住宅』(新建築社、2017)にも登場しています。注目したいのは、『JA』という建築家向けの媒体においては、モクチンレシピのキャッチーなネーミングより先に、本来後ろに表示されているアルファベット3文字のコードのようなものが前面に出てプレゼンテーションがなされていることです。これによってモクチンレシピのキャッチーさは薄れ、より社会革新のための建築論に比重を高めて記述されます。これは学問としての建築を語る際と、ビジネスとしての建築を語る際には、伝えるべき情報の形が異なることを、連さんが明確に意識しているためです。

ここでの興味深い点は、一般に向けて情報をわかりやすくキャッチーに加工し発信するという手法が、建築家としての連さんの使命感と、ビジネスとしてモクチン企画が成立する、その両方に深くかかわっている点だと言えます。

連さんは著書『モクチンメソッド』（学芸出版社、２０１７）の中で、自身が学生時代に関わった木造賃貸の改修プロジェクトに達成感ではなく「無力感」を感じたと書いています。その理由は、自身が改修した物件の周りに、未だ手つかずの老朽化した木賃アパートが圧倒的な量で存在していることに気づいたからだそうです。「モクチン企画／モクチンレシピ」は、この無力感を乗り越えるためにのチャレンジだと言います。

自分だけでなく、広く様々な人たちを巻き込み、色々な人たちの手を借りつつ都市を良くしていきたい、この連さんの建築家としての意志の表れが、レシピのキャッチーさなのです。その効果は、普段、建築家の存在にそこまで関心を持っていないであろう地域密着型の不動産会社や工務店をも巻き込むという結果にも表れています。

ビジネス視点で見ると、建築家同士で仕事を取り合うフィールドを脱して、未開の地を自身で開拓していく、いわゆるブルーオーシャン戦略とも言えます。木造賃貸に特化したポータルサイトと、そのサイトでのキャッチーな表現があいまって、社会に対する効果的なウェブ発信が実現されていると言えるでしょう。

このように、建築家が自身の作品を説明する場合、受け手によってその説明方法を変えるというのも真っ当な行為です。建築は複合的な要素で成り立っているものですし、様々な視点からの検証を経て建てられるものです。ですので、共通言語を持つ同業の建築家に対して説明するときは、基礎的な解説はとばして歴史や自身が参照した建築の話を交えて説明したりすればよいですし、クライアントに対しては、より生活者目線でプライバシーや採光・眺望などの視点で語っても良いと考えています（もちろん、クライアントのなかには建築論を聞きたい方もおられると思いますので、ケースバイケースで判断することが重要です）。

当然ですが、どちらもが正しい説明です。最も重要なことは、その建築作品の良いところを、話を聞いてくれる人とって最もわかりやすい形で、十分に伝えるということなのです。

―実際にお話を伺って―

同じポータルサイトの運営者同士ということで、連さんとの対話は共感するところが多々ありました。最もお互いに共感したのは、建築の「動線」という考え方がウェブの構築にとても役に立つという話でした。本書の2章でも同様の内容を説明していますが、連さんも全く同じことを考えていたようです。連さんは「建築家は、少しウェブのリテラシーを身に付ければ、しっかりウェブを使いこなすことができるはず」と語ってくれましたが、私も同感です。ウェブのコーディング（ウェブはhtmlなどの言語で構築されており、その言語を用いサイトをつくっていくことを言う）などの実装作業は別として、ウェブの構造を理解し使いこなすことは、日々設計という業務に向き合っている建築家であればだれにでもすぐに習得できると考えています。

連さんは自身のモクチンレシピが、プロモーションのための道具ではなく自身の思想を発表する場でもあり、ウェブの制作や更新を通して一般社会と対話する場だと捉えていました。そこで得られるアクセスログなどのデータのフィードバックからも大いに学ぶことがあるとのことでした。

今回分析したモクチンレシピのキャッチーなネーミングは、一般の方とのコミュニケーションの取っ掛かりとしても機能していると語ってくれました。また、クライアントに対しては、一つひとつの手法に名前をつけ、その組み合わせとしてリノベーション案を説明するスタイルが、模型やCGによる従来のプレゼンより伝わりやすく、効率的な改修プロセスを構築することにも貢献しているそうです。

また、2017年8月に、モクチンレシピのホームページは大きくリニューアルしました。改修事例写真の中に、レシピ名が吹き出しのように表示されており、とてもわかりやすくなっています。さらに会員を増やし、多くの方に訪問してもらうためのリニューアル準備作業は、一般の方に協力をしてもらいユーザーテストを何度も行ったと言います。連さんいわく、建築の専門家と一般ユーザーの間には「埋められない溝」があり、一般ユーザーを対象としたサービスを構築する際に「建築教育による美意識が邪魔になることもあった」とも語っておられました。この感覚には私も、共感する部分があります。たとえば、一般の方と話している際にも、無意識のうちに建築家向けの言葉で説明をしてしまい、何を話しているのか全く理解してもらえなかった経験があるのです。

連さんが行っているように、自身のホームページを一般の方に見てもらい、使い方や感想を聞くなどのユーザーテストは案外盲点なのではないでしょうか？　独りよがりにならない情報発信のためには、遠回りに見えて実は一番の近道かもしれません。

関連性の高い理論パート

#

#「建築の表現」と「ウェブ発信」を一致させる（p. 65）#当たり前と思っていることにも価値はある（p. 62）#だれに届けたいかで発信の仕方は変わる（p. 87）#単語の順番を考えることは、建築の動線を考えるように重要（p. 89）#様々な価値感を良し悪しではなく違いと考える（p. 94）#同じ作品でも伝える言葉で受け取られ方は異なる（p. 99）

第7講

伊礼智さん（伊礼智設計室）　東京都

建築作品と手料理を等価に扱い、ライフスタイルそのものを伝える

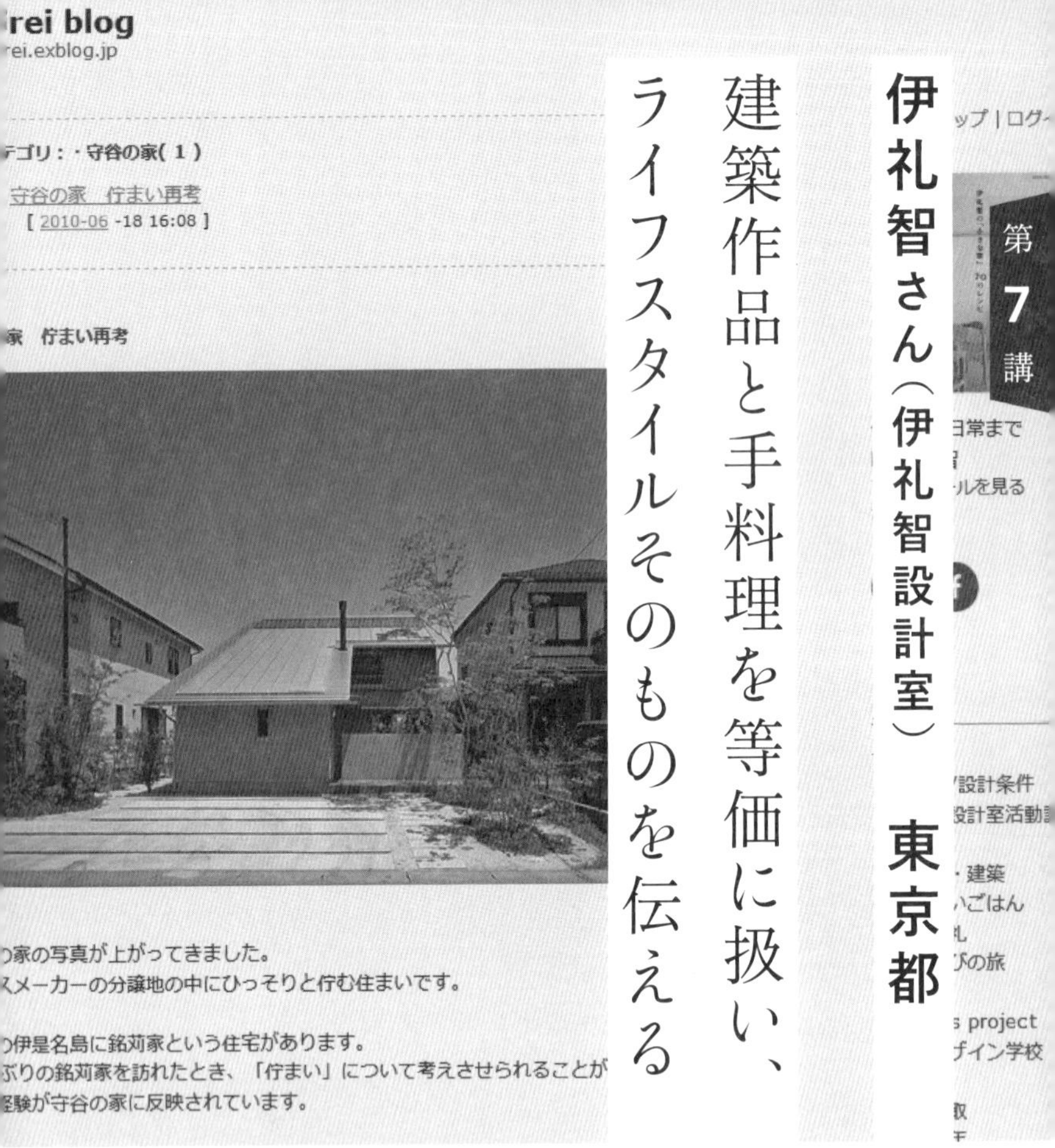
irei blog
rei.exblog.jp
テゴリ：・守谷の家（1）
守谷の家　佇まい再考
[2010-06 -18 16:08]
家　佇まい再考
の家の写真が上がってきました。
スメーカーの分譲地の中にひっそりと佇む住まいです。
の伊是名島に銘苅家という住宅があります。
ぶりの銘苅家を訪れたとき、「佇まい」について考えさせられることが
経験が守谷の家に反映されています。
ップ | ログ
日常まで
ールを見る
設計条件
設計室活動
・建築
いごはん
びの旅
s project
ザイン学校

photo by 西川公朗

irei blog　http://irei. exblog. jp/

伊礼智（いれい・さとし）
建築家、伊礼智設計室代表。1959年沖縄県生まれ。1985年東京藝術大学美術学部建築家大学院終了、丸谷博男＋エーアンドエーを得て、1996年伊礼智設計室を開設、2006年に（有）伊礼智設計室に改称。

生活への深い眼差しを持った建築家

私は、確か2005年ごろからの長期にわたって伊礼さんのブログを継続的に閲覧している読者です。伊礼さんのブログの印象を思い返してみると、建築作品の写真と共に、美味しそうな料理の写真が次々に頭に浮かんできます。

ウェブ発信という視点で改めて伊礼さんのブログを読み返してみると、オーソドックスな形式のブログサービスを利用してウェブ発信をしているからこそ、逆にその建築観・生活観がよく伝わるものになっているのでは、という仮説が浮かびました。

私自身、住宅設計に携わっていた時代には、伊礼さんの図面集『伊礼智の住宅設計』（エクスナレッジ、2012）を参考に図面を引いたこともありましたので、伊礼さんの生活への深い眼差しがある建築思想にも少なからず影響を受けてきました。そのような建築観を、伊礼さんのブログ「irei blog」がいかに上手く発信する媒体となっているのかを考えていきます。

作品写真と料理の写真をフラットに扱う

伊礼さんのブログ「irei blog」は、エキサイト株式会社の提供するブログサービス「excite blog」を使用して運営されています。excite blogは、SNSが登場する前、ブログが流行した2004年ごろから存在しているサービスで、私も学生時代に活用していました。ゼロからつくりあげるホームページと比較すると、サイトのデザインや掲載できるコンテンツの自由度が低いのは間違いありません。ただ、伊礼さんが行っているウェブ発信を見ていると、逆にこの機能が制限されたexcite blogが適していたのではないかとすら思えてくるのです（伊礼さんはホームページを持たず、このブログとＳＮＳでウェブ発信をしています）。

伊礼さんは住宅建築の名手として知られています。そして、その作品はクライアントの生活への配慮が隅々まで行き届いたものです。図面を見ていても伝わってくるのですが、伊礼さんの建築は、キッチン収納のつくりかたや開口部のしつらえ方など、そこに住むことになるクライアントの生活と密接に関わって設計されていることがわかります。

そのように、建築と生活が密接に関わりを持つ建築の良さを伝えることに、このシンプルなブログ形式が貢献していると言えます。多くの建築家のホームページでは、「works」「blog」というように、作品紹介ページとブログページは明確に分けられています。ここは作品を見るページ、ここは、建築家の日常や文章を読むページ、と明確な線が引かれているのが一般的です。

しかし、irei blogは、そうはなっていません。

伊礼さんのブログでは、建築作品の写真が紹介される記事が更新されたかと思えば、次の日は、「まかないごはん」として事務所での食事の写真が更新されたりします。しかも、掲載される建築作品の写真の大きさと、食事の写真の大きさはほぼ同じなのです。

デザインが価値に順位を付け、そのヒエラルキーを視覚的に表現する行為だとすれば、一般的には、建築家がホームページで伝えるべきは、自身の建築作品なのですから、建築の写真を大きく表示して、余談的なコンテンツである料理の写真は小さく表示したいと思うのが一般的でしょう。しかし、伊礼さんのブログでは、それらが等価に扱われているのです。

このようなウェブ発信がなされることで、未来のクライアントには、伊礼さんは建築作品をつくることと同時に、たとえば料理をつくるというような日常生活も大切にしている建築家だという特質がわかりやすく伝わるようになっているのです。

これは、既存のブログシステムを使用しているがために、写真の大きさを調整することが〝できなかった〟という見方もあるかもしれません。ですが、建築と生活が密接に関わる伊礼さんの建築思想と、建築作品と料理の写真を分け隔てなくミック

伊礼さんのブログ記事で等価にアップされる建築と料理

スするウェブ発信は、とても相性が良いというのは事実です。

自身の建築思想をわかりやすく伝えるウェブ発信の方法を考えるということは、だれにとっても重要だと言えます。

たとえば、ザハ・ハディドのドローイングと、ピーター・ズントーのドローイングは全く異なります。しかしどちらも、自身の建築の特質を伝えるために熟慮されたものであるという点は共通しています。ザハの建築を表現するため発明された躍動感あふれる近未来的なドローイングは、静謐さのあるズントー建築には適さない表現なのです（逆もまたしかりです）。

ウェブ発信についても全く同じことが言えます。自身の建築家としての特質にあったウェブ発信を考案することが、多くの人がウェブ経由で設計を依頼する現代において求められるプレゼンテーションの一つなのです。

十年以上、継続更新されているブログ

ずいぶん前から伊礼さんのブログを見ているなと思い返しながら「irei blog」を遡ってみたところ、最初の投稿は2004年8月でした。アーキテクチャーフォトが現在のフォーマットになり、ポータルサイト的に運営をはじめたのが2007年5月ですので、アーキテクチャーフォトよりも3年も先輩の、歴史の

あるブログということになります。改めてその継続力に驚きました。

2章でも説明しましたが、ウェブ発信にとって重要な条件の一つは「継続」です。伊礼さんのブログは、それを体現していると言っても良いでしょう。継続されることで、記事はどんどんストックされていきます。ストックの量の多さは、クライアント候補がワード検索で辿り着く確率をあげてくれることは間違いないはずですし、伊礼さんに興味を持たれた方がブログを訪問し、記事を遡ることでその活動や考え方を確認できます。記事がたくさん蓄積されたブログは、ウェブ上での伊礼さんの人格を表現する媒体になっていると言ってもいいでしょう。


ブログを継続するメリットの一つは、サイト内のページ数が増えることで、検索などで訪問してくれる方々が増える可能性があることです。

ここで少し一般的なブログの構造を説明します。一つの記事をブログに投稿すると、その記事個別のページが生成されます。記事を書けば書くほど、ブログ内のページ数は増えていくことになります。そして、Googleなどの検索結果はその内容をページ単位で表示します。つまり、ブログのページ数が多ければ多いほど、Googleなどの検索結果にも表示されやすくなるということが言えます（投稿内容も関係してくるのはもちろんです）。

また、もう一つのブログならではのメリットは、FacebookやTwitterなどのSNSと比較し、過去のアーカイブへのアクセスが容易な点です。Facebookでは、「いいね！」や「シェア」などの情報を拡散する機能が強力ですが、各人の投稿を遡るには延々スクロールしていかなければならず、アーカイブを管理するという観点では非常に扱いにくい構造となっています。また、Twitterにおいても、リツイートの拡散機能は強力ですが、文章が140文字に制限されているため、少し長めの意見を掲載するには、投稿数が膨大になったり、文章がまとまっていないため、過去に遡ってその発言を読むのには適していない構造となっています（ウェブ上には「Togetter まとめ」といったサービスもあり、この部分を補完する役割で人気を集めています）。

それに比べ、ブログは過去に遡って情報を閲覧することが容易です。基本的に年ごと月ごとに記事がアーカイブされているため、過去の記事にダイレクトに飛ぶことができますし、カテゴリー機能も自身の興味のある記事を探しやすくしてくれるでしょう。各記事においても、タイトルがあり、本文の文字数の制限もなく、一つの記事の中でストーリーが完結するような使われ方をすることが多いので、過去の記事にアクセスしても、その意味を正確に理解できます。このように、閲覧者が過去の記事に触れやすいというのが、ブログの強みなのです。

伊礼さんのように、長年にわたる記事がアーカイブされ、過去の記事にも容易にアクセスできるというブログの強みは、自身の信頼感や特質を伝えるための強力なツールになってくれます。建築家のホームページを訪問した人は、作品と共にブログも閲覧します。そして、そのブログの記事を読み、その投稿内容や、文体から未だ会ったことのない建築家がどのような人柄であるか、自身が依頼するに足る人物かどうかの判断材料にしているのです。

ブログの一つの記事がどれだけ短かったとしても、伊礼さんのように約10年のアーカイブがあったとすれば、それは十分に伊礼さんの人となりを伝える、いわばウェブ上の〝もう一人の自分〟のような存在になってくれるのです。

自身のフィルターを通して発信することで世界観が生まれる

伊礼さんのブログを見ていると、自身で撮影された写真が多数掲載されていることに気がつきます。建築作品の竣工写真は一部、プロの写真家が撮影したものも使用されていますが、現場の進捗状況や竣工写真の多くに、伊礼さんが撮影されたものが使われています。

伊礼さんのブログに掲載されているテキストは、どれもシンプルですが、写真の構図や撮影の仕方・視点に伊礼さん独自の「見方」が反映されていると感じます。まかない料理の写真や、自身の建築作品の写真、訪問した建築物の写真、どれも伊礼さんが自身の視点で撮影していることで、「irei blog」の統一した世界観が生み出されているのです。

写真に限らず、テキストでもそうなのですが、ウェブ発信において重要なのは、一度自身の視点によるフィルターを通した情報を発信することです。自身のフィルターを一度通すことによって、自分らしい切り口のメディアとして発信することができるのです。伊礼さんの写真は、一度伊礼さん独自のフィルターを通ったものが多数掲載されているがゆえに、総体として、伊礼さんの世界観を伝えられるものになっていると言えるのです。

アーキテクチャーフォトの運営も同様のことを考えています。

海外のメディアや、国内のニュースサイトに掲載されている情報をテキストのみで紹介するときなどは、特にそのことを強く意識しています。ただ建築家の名前と作品名を翻訳して紹介するのではなく、その作品のどの部分に注目するべきかという視点を、短いタイトルの中に込めます。それは、いわば小さな編集作業です。アーキテクチャーフォトのフィルターを通ることで、建築分野の読者にとって、理解しやすい、アーキテクチャーフォト「らしい」記事になるのです。毎回、自身のフィルターを通して、情報を整えて発信していくことが積み重なっていくことで、ウェブ上での「らしさ」は生まれます。

この「らしさ」が確立されることは、ほかの建築家とあなたの「違い」が、ブログの閲覧者に伝わっているということでもあります。あらゆる情報が飽和しているネット上で、まずその「違い」を認識してもらうことが未来のクライアントに選ばれるための第一歩だと言えるでしょう。

たとえば、建築家の皆さんが、毎回同じ建築写真家に撮影を依頼するというのも同様の理由からではないでしょうか。私も数多くの建築写真家の皆さんの写真を目にしてきましたが、その視点やスタイルは実に多様です。ですので、毎回同じ写真家の方に撮影してもらうという行為は、建築家の統一した世界観を世に伝えるということに貢献していると思うのです。

ブログに掲載される写真やテキストも同様です。借りてきた写真やテキストではなく、毎回、自身の目で、自身が感じたことを自身の言葉で綴っていく。そのような行為が、自分にしかない世界観を可視化するのは間違いありません。

特に伊礼さんのような、日常の出来事を綴っていくタイプのブログでは、単体の記事がどのように書かれているかというよりも、総体としてその世界観を閲覧者に届けることができているかということが重要です。皆さんもブログを更新する際には、自身の視点によるフィルターを通した情報発信ができているかどうか、一度読み直してみてください。

―実際にお話を伺って―

対話の中で、伊礼さんがブログを始めるキッカケとなった言葉があると教えてくれました。それは、先輩である建築家・秋山東一さんの「凍れるホームページより、生きたブログ」という言葉だったそうです。ホームページをつくりたいが、自身が編集長のように振る舞い、すべてを自分でコントロールしたい、と感じていた伊礼さんは、この秋山さんの言葉の後押しもあり、ブログという選択肢を選んだそうです。現在もすべて、伊礼さんの手によって運営されているブログは、編集長としての伊礼さんの世界観が表現された唯一無二のブログとなっています。

伊礼さんのブログの定番スタイルとなっている自身の写真に、簡潔なテキストを添えた記事は、自身が無理なく継続できることから逆算して導かれたスタイルだとも語ってくれました。このスタイルは、雑誌『室内』（山本夏彦さんが1955年に創刊し2006年まで続いたインテリア専門誌）の発行人も務めた編集者の山本夏彦さんの写真コラムをヒントにしているとのことでした。自身も写真が得意であると自負していた伊礼さんは、以前読んだこのコラムをイメージし「写真中心のブログなら続けられる」と思ったそうです。

一眼レフなども所有しているとのことですが、現在ブログに使われている写真は、iPhoneのカメラで撮ったものが中心になっているとのこと。実際スマートフォン内臓のカメラの性能は一眼レフに引けを劣らないほど格段に良くなりました。更新の手間を省力化していくことも継続のためには非常に重要なポイントです。

伊礼さんに、ウェブ発信の効果についても尋ねました。すでに伊礼さんは、数々の書籍を出版されているので、仕事の依頼が、どの情報を経由してきたかはハッキリしないとしながらも、書籍の読者層とウェブの読者層は、完全に一致はしているわけではなく、両方で発信していることで、自身の伝えたいことが、面的にくまなく届いているという実感があると語ってくれました。実際に、今回の分析でも注目したブログ内の「まかない料理」については、クライアントからも注目されているようで、話のネタになったり、真似してつくったという報告ももらうそうでした。

また伊礼さんは、時代の変化に対応しようとする意識を強く持っているとも語ってくれました。この考え方は、移り変わりの早いウェブを使いこなすという視点においてはもちろん大事な考え方ですが、伊礼さんの設計における、スペックが重視されつつある最近の住宅分野の傾向にも注目し、断熱性能などの機能面で必要なアイデアをも熟慮する姿勢にも通底しているように感じました。

現代を生きる人と感覚や喜びを共有したいというみずみずしい感性と、13年間ブログを継続されているたゆまぬ努力の両方があってこそ実現されるウェブ発信・建築があることを学んだ対話でした。

関連性の高い理論パート

#

#「建築の表現」と「ウェブ発信」を一致させる（p. 65）#継続が前提の世界（p. 69）#一にも二にも継続。自分ができることから逆算して発信内容を考えよう（p. 70）#「楽」にできるという視点が重要（p. 72）#過去の発言のストックから「信頼できるかどうか」を読みとられる時代（p. 81）#常に社会は移り変わる（p. 101）

第8講

佐久間悠さん（建築再構企画）神奈川県

法規を切り口に。強みを活かし建築の新しい分野を開拓する

建築再構企画
KENCHIKU-SAIKOU-KIKAKU
記事を検索する
Submit
施工事例
講演実績
建築士も読みたい建築のはなし
お問い合わせ
« PREV
保育園設置の障害：用途変更申請とバリアフリー法
2016年3月14日
PRIVAT
昨今国会でも『保育園落ちた。日本死ね！』のブログが取り上げられるなど、待機児
題がクローズアップされ、新規に保育園が開設しにくい状況も徐々に認知されるよう
てきました。以下は友人、知人の方には事あるごとにお話し…
つづきを読む
一般の方編, 建築士も読みたい建築の

photo by 狐塚勇介

建築再構企画 http://kenchiku-saikou-kikaku.com/

佐久間悠（さくま・ゆう）
建築再構企画代表取締役。「建物の法律家」という肩書きで違法建築の適法改修を専門に行う。オーナー、デヴェロッパー、銀行など他業種との調整業務の専門家。耐震改修などの確認申請を要する大規模改修を得意とする。

「法律の専門家」という活動に合わせて自身を変えていった建築家

佐久間さんの建築家としての活動を認識したのは、2008年に「佐久間悠建築設計事務所」の名義で「木下昌大建築設計事務所」と共同設計した住宅〈トウキョウゲストハウス〉を見たときでした（『住宅特集2008年5月号』に掲載）。その後、設計活動だけでなく建築基準法に関するセミナーの講師として活動する様子や、建築基準法に関する書籍を執筆するなどの活動もウェブ上で見て知っていました。その活動が徐々に「法規」にフォーカスされて行く様子を見てはいたのですが、当時は、佐久間さんの活動の特異点には気づいていませんでした。

ハッキリとその活動を意識するようになったのは、2013年に事務所名が「株式会社建築再構企画」に改組・改称されたときでしょうか。しかし、この屋号が私の中の建築家のイメージと離れていたこと、フラミンゴをモチーフにした具象的なデザインのロゴマークの〝建築家っぽくなさ〟から、その真意が理解できなかったことを憶えています。

しかし2017年現在の佐久間さんが、建築関連法規の専門家として活躍している状況から逆算してみると、屋号変更などの行動すべてが意味を持って行われたのだと理解できたのです。

佐久間さんが、どのように自身を発信しているか、どのような思考で行動を起こしたのかを考えることは、読者の皆さんが、建築家としての自身の特質を見出し、それをウェブ発信するための大きなヒントがあります。それを見ていきましょう。

「法規」という切り口で自身をプレゼンする

佐久間さんは、現在「建物の法律家」として違法建築を適法に改修することや、建築関連法規のコンサルティング業務などを行う建築家として知られています。

私も建築設計の業務を行っていたときには、(当たり前ですが) 建築基準法などを踏まえて設計を行っていました。建築設計を生業とする皆さんも、建築設計という行為において法規を取り扱うというのは、改めて言葉で説明する必要もないほど当然なことと思われるのではないでしょうか。

しかしより俯瞰的に、一般社会の目線で考えてみると、「建築家が法規を取り扱う」という事実は、建築設計業界内での常識だったのかもしれないと思うのです。

たとえば、一般の方々で、住宅の窓の大きさが建築基準法によって居室の面積と関連づけられていることを知っている人はどれくらいいるでしょうか。実際に調査したわけではありませんが、それほど多くないでしょう。建築物のありとあらゆる部分が、それを規定する法規を踏まえて設計されているということは、想像以上に一般社会で広く認知されていないと思います。

つまり業界内では当たり前のことでも、枠組みが変われば当たり前ではないということは多数存在するのです。

このような社会の認識を把握し、より広く一般社会に「建築に関する法律の専門家」として自身をプレゼンテーションするという佐久間さんの発想・行為は、ウェブ発信の視点でも、注目に値すると言えます。

もちろん佐久間さんの法規に関する知識が優れているのは、間違いのない事実でしょう。それに加え、建築関連法規の専門家であると自身をウェブ発信する佐久間さんの元に、建築の中の特に「法規」に関して問題を抱える未来のクライアントが相談を持ちかけるという状況が、現実に生まれているのです。佐久間さんは、企業が出店を予定している建築物が適法状態かどうかをチェックする仕事や、法的に複雑な問題を抱える改修プロジェクトなどを、数多く手掛けています。

自身のどの部分が、ほかの建築家より優れているのかを分析・把握し、適切な表現でウェブ発信することは非常に重要です。

1章でも述べましたが、私は建築家の特質は、人それぞれで、皆が全く異なる活動をしていると考えています。佐久間さんの場合は、その特質が「法規」だったということだと思います。

自分自身の活動を、ほかの建築家の活動と比べてみる。様々な人たちと建築についての議論を交わしてみる。自身を客観視し、観察することで、自身の特質を考えてみる。これが自身をどのような切り口でウェブ発信するかという手掛りになると考えています。

自身の活動に合わせて変更された事務所名

佐久間さんの経歴を見てみると、２００７年の事務所設立時の屋号は「佐久間悠建築設計事務所」でした。そして、２０１３年から現在の屋号「建築再構企画」として活動を始めています。

建築家の事務所名は、その主宰者の名前がそのまま事務所名になっていることが多いと思います。佐久間さんも最初は、その慣習にならい事務所名を決めたのでしょう。もちろん、個人の名前を冠することによって、名前自体がブランドのように認識されるようになるということはあり得る話だと思いますし、個人の名前が業界の中で広く知られることは、建築家にとって誇らしいことでもあります。

ただ、個人の名を冠した事務所名は、事務所の活動内容や思想を想像する余地が少ないとも言えます。建築の法律を専門とした佐久間さんの活動を考えると「佐久間悠建築設計事務所」と「建築再構企画」のどちらが適しているかは明らかだと言えます。

個人名を冠した事務所名では、一般的な設計事務所と同様の活動がなされていることが想起されるでしょう。「建築再構企画」の方では、具体的な業務は想像しにくいものの、ホームページに記載されている事務所の「違法な建物を適法改修し、再生させることに特化した会社」という説明を読んだ方は、その事務所名に納得すると思います。

私が、アーキテクチャーフォトという名前を決定する際にも、色々な思考が働きました。信頼を得るために、個人が運営しているホームページだけれど「組織性」「公共性」が感じられること。様々なジャンルの情報も扱うけれども、主体としてるのは建築の情報だと伝わること。そして、ドメイン名とサイト名が一致すること。商標を確保できることなどを考えていました。

たとえば、多くの建築事務所がそうであるように、私個人の名前をサイトに冠することもできたわけです（既存の商標などと重ならなければ、どのような屋号をつけるのも自由です）。そうすれば、私自身の名前を業界内に広めることはできたかもしれません。

しかしインターネットの場合は、個人名を使ってしまうと〝趣味的なメディア〟というニュアンスで受けとめられてしまうのが容易に想像できました。私が構想していたのは、だれもが気軽に閲覧でき、あらゆる思想の建築作品を受け入れるプラットフォームとしてのウェブ発信です。つまり「公共性」を感じられる名称であることが必須でした。

実際にアーキテクチャーフォトは、個人ではなく、どこかの企業・組織が運営していると思われていた経験も多数あります。久々に会った大学の後輩に名刺を渡した時、私がアーキテクチャーフォトという会社に就職して働いていると思われたこともありました。

このように、屋号が持つ言葉のイメージを考えてみることはウェブ発信においても、とても重要です。

また自身が考案した屋号でも、すでに存在していないかという確認や、検索したときに上位に表示される可能性が高いかという視点も重要だと言えます。現在ネット上では、Google検索、Yahoo!検索、Twitter

検索、Instagram検索など、様々な場所で、特定の単語を検索することで目的の情報に辿りつく仕組みになっているからです。

皆が知りたい法規についての解説をブログで発信すること

佐久間さんのホームページを見てみると、メインコンテンツの一つとして「建築士も読みたい建築のはなし」というものがあります。佐久間さんがブログで、建築に関連する法規の用語を詳しく解説しています。佐久間さんの活動にとって、このブログは非常に重要な役割を担っています。

たとえば「用途変更」という単語で、Google検索をしてみると、トップページの一番最初に佐久間さんのブログの記事が出てくるのです（２０１７年7月時点）。

つまり、何らかの経緯で、用途変更をしないといけないと行政から説明を受けた建物所有者がいるとします。所有者はまず間違いなく、「用途変更」という用語をインターネットで調べます。そして、用途変更について解説された佐久間さんのホームページに辿り着くというウェブ上での流れができているのです。そして、佐久間さんのホームページには、「建築基準法無料チェック」というバナーが大きく目に付くように設置されており、用途変更を調べてきた方の何パーセントかが、佐久間さんに問い合わせをするのは間違いないでしょう。

Google検索などで、無数の検索対象の中から一番上に表示されるほどに（意図してできるものではありませんが）社会が求める情報をウェブ上で公開できれば、それ自体が新たな仕事につながるコンテンツになるとも言えます。

2章第3講でも述べたようにプロの知識は、それぞれの経験則として身に付けたものですので、自分の中だけに仕舞っておきたいという気持ちが湧きおこるのも理解ができます。しかしあえてその情報を広く公開することで、知識を必要としている人たちに課題解決のヒントを提供することができ、その知識が信頼を生み、仕事を頼んでみようという流れがウェブ上で生まれているのです。

佐久間さんの場合、ウェブで広く社会に提供できる情報が、「建築に関する法規」でしたが、建築の世界を見渡すとまだまだ専門的な情報が、個々人の中に存在していて、ウェブ上で調べることができない知識もたくさんあるように感じています。

たとえば、この世の中には、星の数ほどの建材が存在しています。

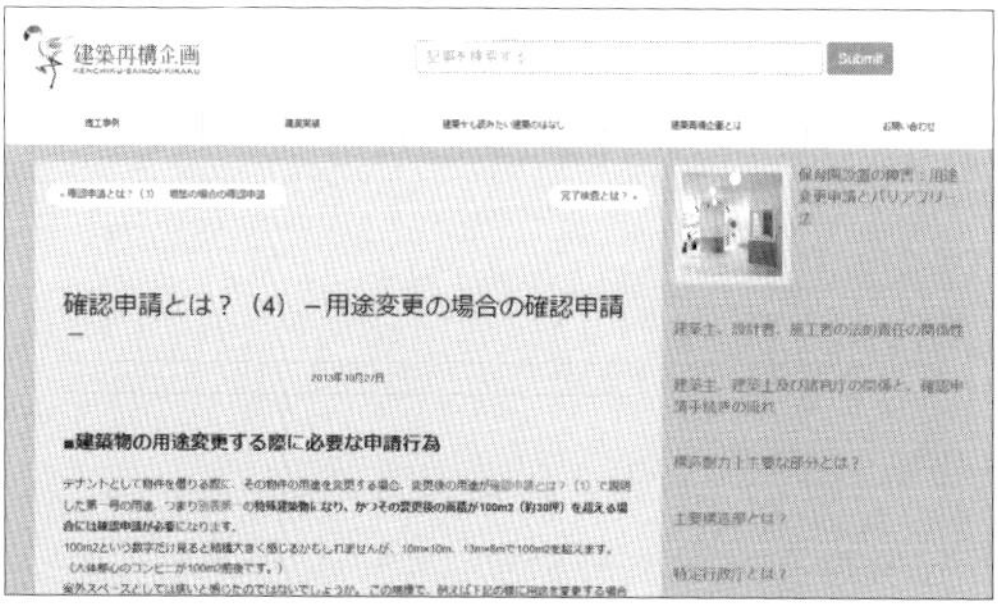

Googleで検索するとトップに表示される
佐久間さんのサイトの「用途変更」に関する記事

しかしその分、建築家の方々が必要としているような魅力的な建材を探すことが難しくなっているとも言えます。サンプルを請求して見比べるのにも、膨大な時間がかかります。そして、大勢の建築家が同じ悩みを持っているのです。そこで自身が見つけた、建築家が使いたくなる建材の情報を発信するのも一つのアイデアでしょう。経験から得られた〝生きた〟情報には必ず需要が存在するものです。その情報を発信することで、ウェブ上のアクセスを集めることができます。それは、同じ興味を持った建築家同士の交流を生み出すでしょうし、たとえば、建築家の視点で建材をコンサルティングするなど新しい仕事につながる可能性もあると思います。

ビジネスにブログなどのコンテンツを役立てたいのであれば、未来のクライアントが求めるであろう建築に関する情報を提供することが、効果的なのは間違いないでしょう。

アーキテクチャーフォトでも、サイトの開設当初は、今よりも閲覧者である建築家の皆さんが見たい・知りたい情報を集めることに注力していていました。その一つが、著名な建築家の発表前の作品写真です。それは、多くの建築関係者が持つ、著名建築家の新しい作品をいち早く見たいというニーズを私が知っていたからです（私も建築家を志していましたのでよくそう思っていました）。

よくよくウェブ上を調べていくと、雑誌メディアに作品が発表される前にも行政のサイトや、個人クライアントのブログなどに発表前の建築作品の写真が掲載されていることもあるのです。そのような写真をリンク形式でピックアップして掲載することを地道に続けていくことで、情報の鮮度が高い、見識のあるウェブサイトだと認知されるに至ったのです。アーキテクチャーフォトという無名のサイトに辿り着く人を少しずつでも増やしサイト運営を軌道に乗せるための戦術でした。

コンプライアンス意識の高まる現代社会に対応する

違法建築を適法に正すという佐久間さんの仕事は、コンプライアンス意識が高まった現代社会の動きにも対応していると感じます。

その背景には、スマートフォンの普及、SNSの発達により、だれもが〝世の中の問題〟の第一発見者となり、発信（通報）できる状況が整ったからだと言えます。

たとえば、違法に増築した工場があったとします。それを、建築基準法に詳しい人が発見して、SNSに投稿したとします。その企業が有名だった場合や、その企業に悪意を持った方がいたとすれば、意図的に情報が広く拡散されてしまうこともあるでしょう。企業の不祥事や不適切な対応をたった一人の消費者がSNS上で指摘しただけで、またたく間に社会全体に広がってしまうという状況が生まれています。これは、個人・企業問わずネットが普及した社会では全員が大きなリスクを抱えているということです。

そのような時代だからこそ、佐久間さんの違法建築を適法に改修するという仕事は価値が高まっているのです。佐久間さん自身も、そうした社会の有り様に敏感に反応して、ニーズをうまく捉え事業を確立したのでしょう。

社会の風潮というのは、常に変化していくものです。ここ数年のリノベーションブームもその一端です。クライアントを対象とした住宅雑誌でも盛んに「リノベーション」という言葉が見られます。この社会の動きを把握していれば、自身が過去に改修した建築物を、リノベーションという文脈に載せ替えて再発信することもできるわけです。

移り変わりやすい社会の文脈を意識して、活動の見せ方を適切に対応させていくことも、ウェブ発信では重要です。

―実際にお話を伺って―

独立当初は、自主的に勉強したり、ホームページを改良したりする時間がたくさんあったと佐久間さんは言います。

そんなときに、弁護士の知人と話していて、建築関連法規は専門用語が多く、弁護士でもわからない部分が多いことを知ったのだそうです。自身がアトリエ建築設計事務所に勤務していたときも法規分野が苦手だったことを思いだし「ほかの人がやりたがらないことなら仕事になるのではないか」と、佐久間さんは徐々に自身の仕事を法規にフォーカスしていきます。自身がすでに持っている強みを活かす、とは散々書いてきましたが、ここでいう佐久間さんの強みとは〝遂行能力の高さ〟です。好き嫌いを超えて「自身の感じたやるべきこと」を遂行する意思や能力を持った方でしたらマーケティング視点でやるべきことを決め、ウェブ発信することも可能です。

現在は、設計に関わらない建築関連法規のコンサルティングのみの仕事が約半分を占めるまでになったそうです。佐久間さんは、建築家の新しい仕事を開拓しているのだとも感じました。

ウェブ発信に関して佐久間さんの話で印象的だったのは、自身のホームページは、すべて集客から考え逆算してつくったというエピソードです。そして、実際に佐久間さんのホームページは、分析でも触れた建築関連法規の記事から閲覧者が集まり、バラつきはあるものの、多いときは月に約10件もの仕事の問い合わせがあるほど効果を上げているとのことでした。設計事務所への仕事の依頼はそう頻繁にあるものではないので、建築家によるウェブ発信の効果として注目に値する数字だと思います。

また佐久間さんは、建築家はもっと労力やお金をかけて自身の活動を告知した方が良い、とも言います。それは、ビジネスとして未来のクライアントと出会うだけでなく、自身も含む「建築家」という存在を広く一般社会に認識してもらう機会が増えるからです。

ウェブ発信は、社会の中で建築家がどのように認知されたいかという意思表示でもあるのです。

関連性の高い
理論パート

#活動を俯瞰して他者と比べることで強みを見つける（p. 58） #当たり前と思っていることにも価値はある（p. 62） #一にも二にも継続。自分ができることから逆算して発信内容を考えよう（p. 70） #信頼されることが一番大事なこと（p. 80） #だれに届けたいかで発信の仕方は変わる（p. 87） #情報の受け手が知りたいことを発信する（p. 91） #ワード検索の仕組みを理解する（p. 96） #同じ作品でも伝える言葉で受け取られ方は異なる（p. 99） #常に社会は移り変わる（p. 101）

第9講

豊田啓介さん（noiz）　東京都

テクノロジーの今を伝え、隣接分野を巻き込むパイオニア

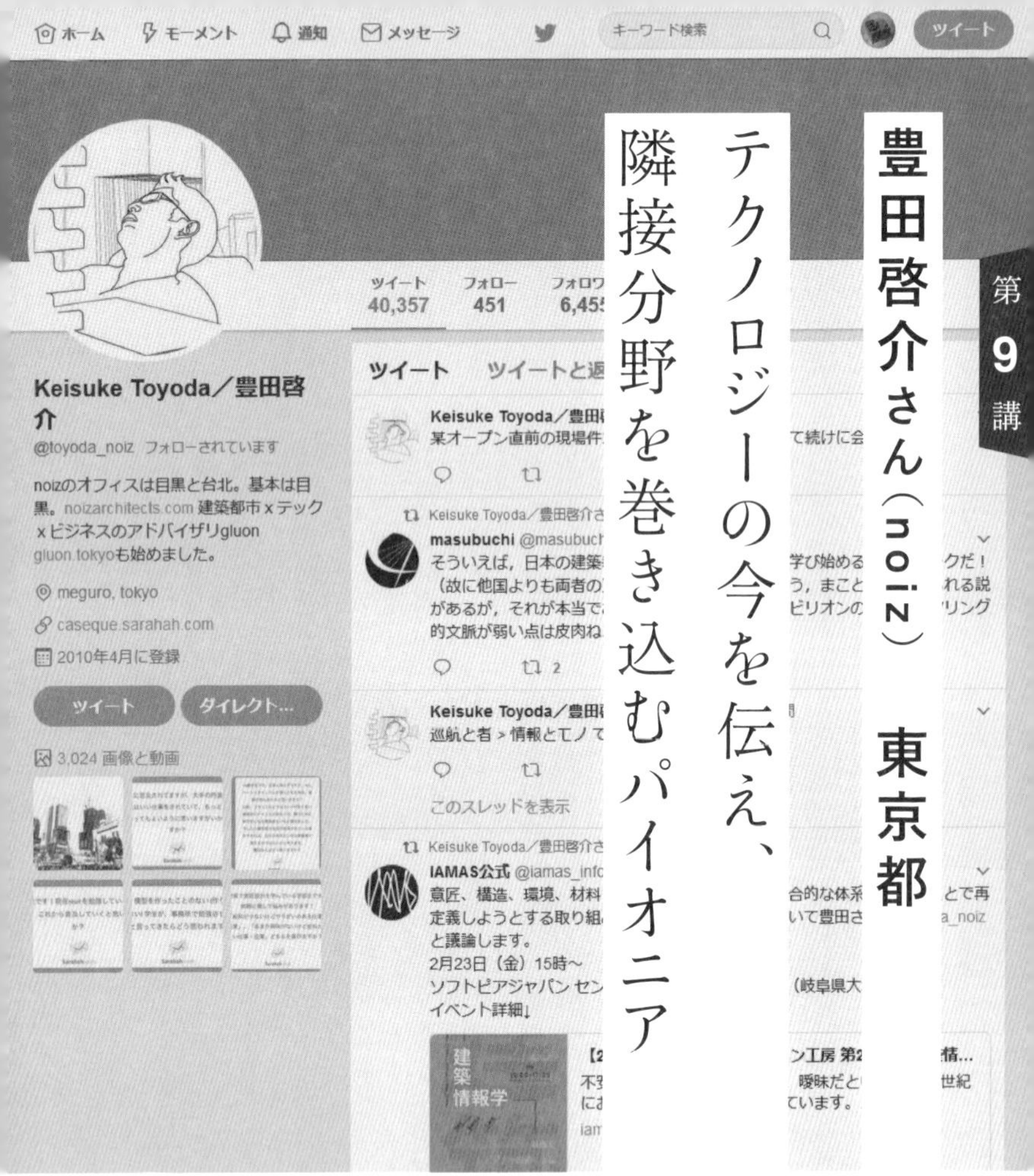

Keisuke Toyoda／豊田啓介（@toyoda_noiz）　https://twitter.com/toyoda_noiz

豊田 啓介　https://www.facebook.com/keisuke.toyoda.925

noiz　http://noizarchitects.com/

豊田啓介（とよだ・けいすけ）
建築家。安藤忠雄建築研究所を経て、コロンビア大学建築学部修士課程修了。2007年より建築デザイン事務所 noiz を蔡佳萱、酒井康介とともに主宰。東京と台湾をベースに活動する。

現代テクノロジーに精通する建築家

豊田さんの存在を、知ったのはどこだっただろうと思い返してみると、それはTwitter上だったような気がします。豊田さんが共同主宰する事務所「noiz」のリニューアル前のウェブサイトは、現在（2017年12月）よりも難解なつくりになっていて、私自身、豊田さんの活動や思想など、その全貌を把握することができない期間が長かったように記憶しています。ただ、建築分野のなかで、現代のテクノロジーを応用するという立場では、ほかの建築家にはない試みを行っているということだけは確信していました。

現在は、Twitter上でやり取りさせていただく機会も持つようになったのですが、それはお互いの立場が近かったからかなとも思ったりします。建築設計の分野で、テクノロジーを活用した設計に取り組み、常に次の時代を探っている豊田さんの社会の見方は、ウェブを活用して建築家の新しい発表の場をつくろうとしているアーキテクチャーフォトの姿勢にどこか通じる部分があり、共感してくれたのかなと想像しています。

テクノロジーの情報をキュレーションすることが自身の建築の理解に

ここでは、豊田さんのTwitter・Facebookをはじめとする SNSでの発信内容に注目していきます。

先程も書いたように、豊田さんの存在を知った当時は、その活動を正確に把握できていませんでした。

しかし、ここ数年の間にだんだんと、豊田さんの試みていること、考えていることが、大まかに理解できるようになりました。

その、最大の要因は、私自身が豊田さんのTwitter・Facebookでの発信を読み続けてきたことです。豊田さんのSNS上での投稿・発言を見ていると、ウェブ上に存在する現代テクノロジーに関する記事のリンクが多くを占めているのがわかります。私自身興味関心のある話題も多いので、それらの投稿を通して、建築分野以外のデジタルテクノロジーの話題に触れることがとても多くなりました。記事はそれ単体としても興味深いのですが、実は豊田さん独自の視点でキュレーションされているところが大きなポイントだと言えます。つまり、それらの記事を読むこと自体が、noizが建築において成し遂げたいことを理解するための補助線になっているのです。

つまり豊田さんは、SNS上で、自身がハブになって、テクノロジー系の情報をキュレーションし、建築関係者に発信することで、フォロワーの基礎知識を向上させ、自身の思考の背景を知らせ、noizの建築を理解させるという一種の啓蒙活動を地道に時間をかけて行っていたと言えるのです。

社会において、その思想や技術が新しければ新しいほど、理解できる人は少なくなります。その独自の思想を伝えるという行為は一朝一夕には実現しえません。理解が広まるまで粘り強く周知し続けることが必要なのです。SNSのように、人々が日常的に目にする媒体は、特にそれに向いていると言えます。毎日継続的して豊田さんの投稿を見ていた私は、知らず知らずのうちに、豊田さんのnoizでの試みが理解できるようになっていました。

自身の経験を振り返ってみると、このようなことがありました。

学生時代のヨーロッパ旅行で、ジャン・ヌーベル（Jean Nouvel）設計のパリの〈カルティエ現代美術財団〉を訪れたときのことです。その時開催されていたのは、世界的にも著名になったアーティスト・村上隆さんの個展でした。ガラス張りの1階フロアには、村上さんの彫刻作品が展示されていました。その作品はもちろん素晴らしいものでしたが、地下の展示スペースを見て回った時に、驚きました。そこには一見、村上さんとは関係ないと思えるような、当

豊田さんがシェア機能を利用してキュレーションするテクノロジーに関する記事（出典：https://forbesjapan.com/articles/detail/18075）の一例（2017年10月13日のFacebook投稿）

時日本で流行していた「チャッピー」（デザイン・スタジオであるグルービジョンズが生み出したキャラクター）などのサブカルチャーの展示が行われていたのです。私は、村上さんがなぜ自身の展覧会の一部として日本のサブカルチャーを展示したのか理解できませんでしたが、後になり気づきました。

村上さんの作品にとって、日本固有のサブカルチャーの背景・文脈を同時に伝えることが、ヨーロッパの観衆に理解してもらうために必要だったのです。

学問としての建築を志す際には特に、わかる人にだけわかってもらえば良いという考えや、わからない方が間違っていると考える傾向が少なからずあるように思います。しかし、豊田さんのように地道に伝えるウェブ発信によって、自身の作品の背景にある情報を知ってもらうことで、その先駆的な試みが理解されやすくなるのは言うまでもありません。

異分野の中で「建築家」としての存在を確立する

アーキテクチャーフォトでは、建築のみならず、同時代の様々な分野のメディアもチェックし、ウェブ発信のソースとしています。その中に、テクノロジーに強いメディアとして『WIRED』（1993年にアメリカで創刊。2017年までウェブと紙の両方で発信していたが、日本版は2018年よりウェブに一元化）があります。このメディアでは、豊田さんが建築家として登場する場面を目にすることが多々あります。2017年3月に公開されたポケモンGOなどを手掛けるナイアンティック（アメリカの企業。2015年にGoogleから独立、スマートフォン上での拡張現実技術を利用したオンラインゲーム「イングレス」も同社が開発）のアジア統括本部長・川島優志さんとの対談記事や、2014年10月に開催された「WIRED CONFERENCE 2014」というイベントでの、BIGを率いる建築家のビャルケ・インゲルス（Bjarke Ingels）と共に建築家として登壇するなどが特に印象に残っています。

これは、テクノロジー分野において、「建築家と言えば豊田さん」という状況が生まれていることを物語っています。

建築家としての自身の強みは、業界の中だけに向けて発信するもの、という決まりはありません。ウェブを使用し、建築家という立場でどんどん他分野に向けても発信していく。そうすることで異なる分野に建築の領域を広げつつ、「その分野に精通した建築家」というポジションを確立し、活動を展開できるのです。

一般社会の現実を見てみると、建築業界の枠組みの外では、私たちが思っている以上に、建築家の存在が認知されていないということは、悲しいけれど事実だと思います（安藤忠雄さんですら知らない知人はたくさんいます）。ですがそれは、裏を返せば「建築家と言えば○○さん」という状況をつくれる異分野が多数あるとも言えます。

特にインターネットの世界は、業界間の壁が低い、または存在しないと言われています。「Twitterを見ているとわかるのですが、ある人のコメントに対し、その道の専門家から鋭い指摘やアドヴァイスが贈られるということは、日常茶飯事です。それは、迂闊な発言がはばかられる状況とも言えるのですが、逆に、それほど自身のコメントが業界の壁を軽々と越えられる場所とポジティブに捉えることもできるはずです。それは紙媒体にないウェブの特質と言えます。

Twitter上での豊田さんのツイートは、私たち建築関係者だけでなく、テクノロジー界隈にも広く伝わっているはずです。今の豊田さんのポジションは、その結果として確立されたのでしょう。

豊田さんの場合は〝テクノロジー〟でしたが、皆さんが発信できる異分野の知識や興味がある隣接分野があれば、それを継続的にウェブ発信してみてください。その分野の中で思わぬ出会いや、つながりが生まれるかもしれません。

そのポジションが確立できれば、もちろん「ビジネスとしての建築」という視点でもメリットがあるでしょうし、「建築家の生き方」が注目される現代においても、逆輸入的に建築業界での立ち位置を最適化できると考えています。

共感者を集める率直で説得力ある発言

豊田さんのTwitterのもう一つの特徴は、非常に率直なコメントだと言えます。

アーキテクチャーフォトでは、「せんだいデザインリーグ2017卒業設計日本一決定戦」の審査員を務めた豊田さんが、審査直後にTwitterで行った連続投稿を公式の埋め込み機能を使用し、記事にまとめ紹介したことがありました（出典＝http://architecturephoto.net/59182/）。

この記事は、大きな反響を呼び、アーキテクチャーフォトが継続的に行っている週間アクセス数ランキ

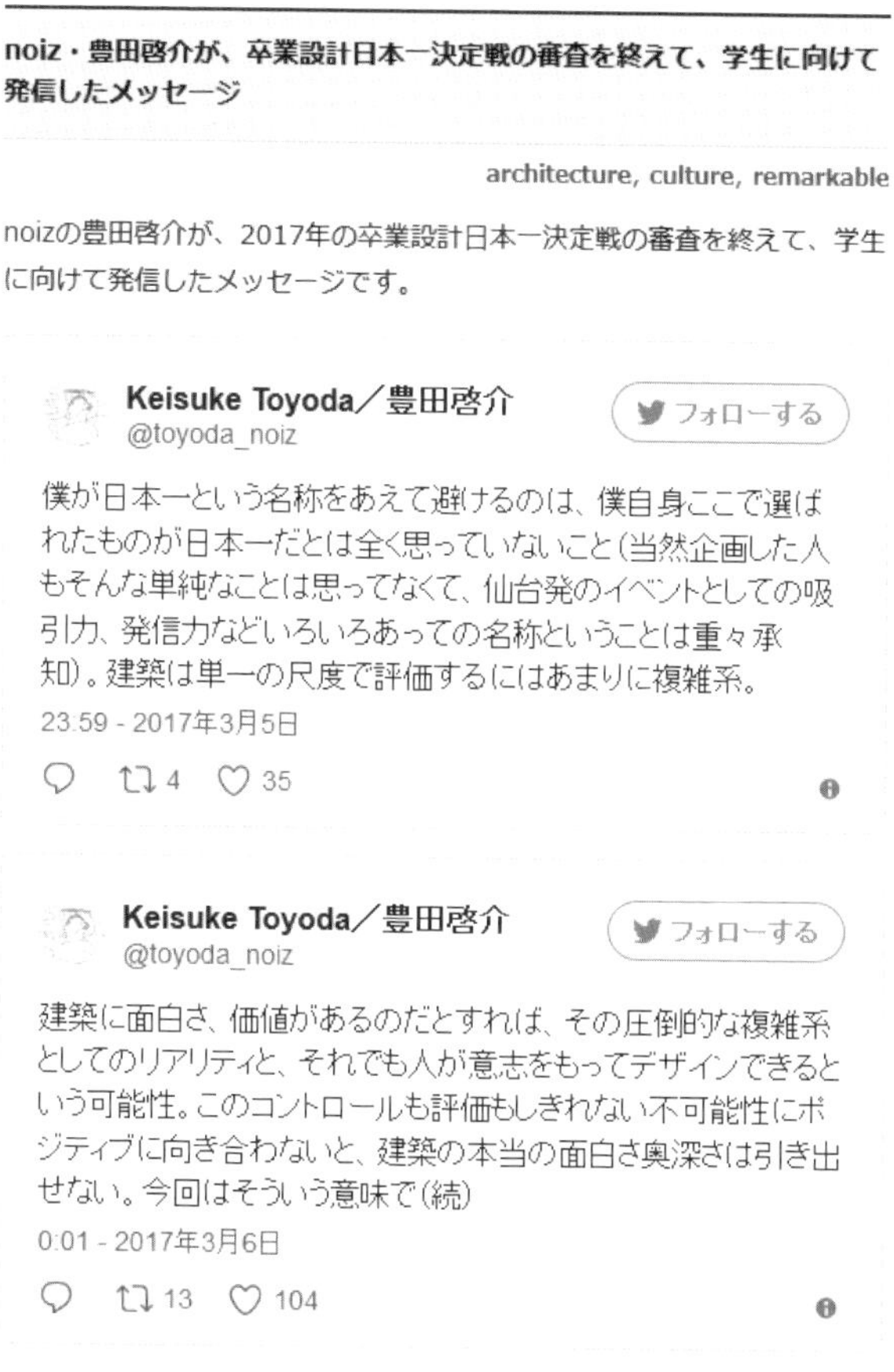
noiz・豊田啓介が、卒業設計日本一決定戦の審査を終えて、学生に向けて発信したメッセージ

architecture, culture, remarkable

noizの豊田啓介が、2017年の卒業設計日本一決定戦の審査を終えて、学生に向けて発信したメッセージです。

Keisuke Toyoda／豊田啓介
@toyoda_noiz
フォローする

僕が日本一という名称をあえて避けるのは、僕自身ここで選ばれたものが日本一だとは全く思っていないこと（当然企画した人もそんな単純なことは思ってなくて、仙台発のイベントとしての吸引力、発信力などいろいろあっての名称ということは重々承知）。建築は単一の尺度で評価するにはあまりに複雑系。

23:59 - 2017年3月5日

4 35

Keisuke Toyoda／豊田啓介
@toyoda_noiz
フォローする

建築に面白さ、価値があるのだとすれば、その圧倒的な複雑系としてのリアリティと、それでも人が意志をもってデザインできるという可能性。このコントロールも評価もしきれない不可能性にポジティブに向き合わないと、建築の本当の面白さ奥深さは引き出せない。今回はそういう意味で（続）

0:01 - 2017年3月6日

13 104

「せんだいデザインリーグ2017卒業設計日本一決定戦」で豊田さんが学生に向けて発信した連続ツイートの一部
（出典：http://architecturephoto.net/59182/）

ングで1位になるほど、注目を集めました。

豊田さんの、卒業設計日本一決定戦終了後の連続投稿は、建築学生皆の心の琴線に触れるものだったと言えるでしょう。

ウェブ上で自身の考えや意見を強く発信するということは、「炎上」という言葉が一般化したように、危険な側面も持っていると言えます。発言の揚げ足をとったり、全くコミュニケーションをとったことのない相手から突然、強い批判をぶつけられるということもあります。ですので、自身の発言がどのように受け取られるか、認識されるかということをしっかりと想像できていないと、自身の全く意図しない方向に投稿が、どんどん広がっていってしまうという状況があります。

その拡散力に、恐怖を感じられる方もおられるかもしれません。しかし、しっかりと根拠があり、論理的な意見であれば全く恐れる必要はないのです。むしろたった一つのTwitterの投稿が、どこまでも拡散され、多くの人の心に届く状況を活用しない手はありません。

建築家として自身の思想や理論があるならば、それを内に秘めているだけでなく、積極的に発信することをお勧めします。

実は、この書籍執筆のキッカケも、私が個人的に執筆を始めたブログでのウェブ発信でした。建築家のウェブ発信について地道に執筆していたブログが、様々な人たちの目に触れ、Facebookなどで記事がシェアをされたりして、最終的に編集者の目に留まり、執筆依頼を受けたという流れなのです。

豊田さんの昨今の活動を見ていると、大学などの教育機関でのレクチャーの機会などが増えているように見受けられます。そこには、豊田さんがしっかりとした思想や理論を持ち、教育についても説得力のある思想を持って常々発信を続けてこられたということが、その背景にあるのではないかと思います。

―実際にお話を伺って―

豊田さんはTwitterなどの新しいツールが登場すると、まず自身で体験してみることが重要だと言います。ツールを使っているなかで、現代の感覚を理解できたり、その中にどっぷりと浸ってみることでしか見えてこない世界があるという実感からです。ウェブ発信においてもこの姿勢は非常に重要です。まず、自身で使ってみる。そして得られたフィードバックを分析してみる。この繰り返しで、発信は確実に洗練されていくからです。

SNSで情報をキュレーションする行為に関しては、リテラシーの底上げ効果を期待していると話してくれました。自身が構想する新しいテクノロジーを備えた建築を実現するためには、設計者・クライアント・施工者・メディアなど建築に関わるすべての人たちが、等しく高いレベルでデジタルテクノロジーを理解しなければいけないからです。そのための底上げを自身のウェブ発信を通して行っていると語ってくれました。そこには、現在のメディアの中において、デジタルテクノロジーの扱いが少ないという、豊田さんの現状認識も背景にあるでしょう。

そうした点からも、近年増加している建築以外のジャンルの方々とのコラボレーションは、ポジティブな変化の表れでもあります。また、コラボレーションによって建築の世界で常識とされていることが「思い込み」であることに気づかされると言います。それは新しい視点・認識が得られたということでもあり、新しい建築を求める自身にとって意義深いことだと語ります。

豊田さんに、「Twitter でのストレートな物言いに対するリアクションはありますか」と尋ねたところ、ほとんどがポジティブなもので、ネガティブなコメントが来ることはまれだそうです。それは、豊田さんのコメントが論理的で説得力があるということを証明していると言っていいでしょう。

近年豊田さんに舞い込む大学などのアカデミックな場でのレクチャー依頼の約半数は、ウェブ上の豊田さんの考え方に触れた若い研究者や学生からのアプローチによるものだそうです。そうした、レクチャーやウェブ発信を通して豊田さんの考え方に触れた学生が、色々な場所で、革新的なデジタルテクノロジーの開発に携わるようになっているという場面に出くわすことも増えたとのこと。これからの彼らの活躍こそが、豊田さんが自身のウェブ発信を通して、社会の認識を確実に変えている証なのです。

関連性の高い理論パート

#

#ウェブなら作品以外の自身の良さもアピールできる（p. 64）#「ファン」を増やすことはウェブ上での営業活動でもある（p. 77）#過去の発言のストックから「信頼できるかどうか」を読みとられる時代（p. 81）#情報の受け手が知りたいことを発信する（p. 91）#常に社会は移り変わる（p. 101）#発信された情報と、受け手の反応の関連性を観察し学ぶ（p. 102）#自身の発信への反響から社会の見方を予測する（p. 104）

渡辺隆さん（渡辺隆建築設計事務所）　静岡県

自身のパーソナリティを伝え、ファンと接するブログ発信

渡辺隆建築設計事務所
www.tawatana.be
NEWS
ABOUT + CONTACT
BLOG
08.26.2017
来月、サカナクションになる。
「サカナクション」の山口一郎さんへの憧れが止まらず、
クリスマスプレゼントとお年玉を全部一緒にしてエレキギターを買った末っ子。
勢いそのままに楽器屋さんのギター教室にも通い始めて約半年。
来月、なんと浜松のライブハウス「窓枠」で、教室の発表会が・・・
贅沢過ぎます・・・

渡辺隆建築設計事務所　http://www.tawatana.be/blog/

渡辺隆（わたなべ・たかし）
建築家、渡辺隆建築設計事務所代表。1973年静岡県磐田市生まれ。1996年金沢工業大学工学部建築学科卒業。1996年より竹下一級建築士事務所勤務。2008年に渡辺隆建築設計事務所を設立。

地域でファンを増やし続ける建築家

渡辺さんは、静岡県磐田市を拠点に活動する建築家です。静岡県浜松市の株式会社竹下一級建築士事務所という組織設計で実務経験を積んだ後に独立、自身の設計事務所を立ち上げました。現在は個人のアトリエ設計事務所として住宅の依頼を受けつつ、個人事務所としては比較的めずらしい規模の公共建築の設計などにも取り組んでいます。磐田市の公共建築も数多く手掛けており、特に〈豊岡中央交流センター〉は、『新建築2016年9月号』でも取り上げられるなど注目を集めました。

渡辺さんが設計した住宅のオープンハウスに、何度か参加したことがあります。そこには過去に住宅を設計したクライアント・現在設計を依頼しているクライアント・これから依頼をしようと考えている未来のクライアントが、多数来られていました。

誤解を恐れずに言うならば、それは、まさに渡辺さんの「ファンの集い」と言っていい状況でした。渡辺さんと以前、対話した際に「住宅の設計依頼は、ほぼすべてウェブサイトの問い合わせから」ということを伺っていました。渡辺さんのホームページのなかで最も更新頻度が高いコンテンツはブログです。ここでは、渡辺さんの「ブログ」に注目して、そのコンテンツが持つ役割を詳しく見ていきたいと思います。

人柄の良さを可視化し、未来のクライアントに安心感を与える

渡辺さんのブログの内容は、渡辺隆建築設計事務所の中で行われている日々の出来事がほとんどです。これは、2章でも書いた「役に立つ情報を提供する」という項目に反すると思われるかもしれません。また、佐久間さんが執筆している建築関連法規に特化したブログとも異なります。特定のキーワードがタイトルや記事内に登場するわけではないので、ウェブ検索からの流入などを目的としているわけでもありません。第7講で分析した伊礼さんのブログと共通する部分もあるのですが、渡辺さんのブログは建築作品のページと明確に分けられているという点が異なっています。

何度も書いていますが、建築家の特質は、それぞれ異なると私は考えています。だれも真似できないような優れた「建築の作品性」を持つ人もいれば、打ち合わせなどのコミュニケーションの中でクライアントに安心感や、満足感を与えることができる建築家もいます。ウェブ発信も、それぞれが持つ特質に合わせて多様であるべきです。

この視点で渡辺さんのブログを見てみると、渡辺さんの建築家としての特質はいくつか挙げられると思いますが、その一つは「人柄の良さ」であることは間違いないでしょう。

ブログを見ていると、その内容からはスタッフや家族への温かいまなざしが感じられ、柔らかな文体から、穏やかな性格であるだろうことが想像できます。実際渡辺さんは、同じ地域の建築家から仕事で

難問やトラブルが発生した相談を持ちかけられることも多く、非常に慕われており、県外の建築家が静岡で仕事をする際にも、地域の施工者情報などを渡辺さんに相談していることも、それを物語っているでしょう。

読者の皆さんのなかには、「人柄の良さが、建築家の特質と言えるのか？」と思われる方もいるでしょう。実際、住宅が完成するまでには長い時間を必要とします（建売住宅は例外ですが）。すでに完成した工業製品を購入するのとは異なります。その長い時間を共にし、同じ方向を向いて協働するパートナーとして建築家を捉えるならば「人柄」は重要な要素となるはずです。

建築作品を中心に編集が行われる建築メディアにおいては、建築家の人柄がその特質として扱われることはまずないと言えます。しかし、建築家が主体となったウェブ発信においては、「人柄」のような実体のないものも、建築家の特質として、視覚化することができるのです。

ここで、クライアントの立場になってみましょう。

建築家に相談する・依頼する理由というのは複合的なものだと言えます。もちろん、過去に完成した作品が気に入り、どうしても類似する建物を建ててほしいと依頼するクライアントも存在すると思いますが、それだけではないはずです。拠点とする事務所の場所、その建築家の年齢、経歴、趣味など、様々な要素のメリットが掛け合わされ選ばれるのだと思います。ですので、建築作品以外でも自身の何らかの

「強み」をウェブ発信することができれば、仕事を依頼される可能性が上がるのは間違いありません。
たとえば、様々な建築家のホームページやブログを閲覧する中で、そこに掲載されている内容や文面から、その人の性格や趣味を確認して、そこに人柄の良さを感じ、相談しやすそうな印象を持った建築家に連絡をする、ということは大いにあり得ると言えます。

私も同様の経験があります。設計事務所勤務時代、木造住宅の相談を受けた際のことです。クライアントに、自社のホームページやブログの存在を話したことはなかったのですが、初めての打ち合わせの際に「ホームページのブログを見て、どのような人たちが運営する事務所なのかチェックしてきました」と言われたのです。このようにクライアントのなかにはブログを通して建築家の人柄や思想、背景を理解しようとしてくれる方も多いのです。

もちろん、ブログ上で自分にない特質を偽装しても無理が出て、いつか破綻するので注意が必要です。たとえば、コミュニケーションが苦手でも素材にとても詳しいという方なら、自分が好きな素材やディテールを発信するほうがよいでしょう。自身と向き合い、その特質を把握したうえでウェブ発信の方法を考えることが重要だと言えます。

自身の「好き」を発信することは、自分のファンを増やすことにつながる

渡辺さんのブログは、事務所での日々の出来事が綴られているのが特徴だと書きましたが、そのコンテンツに注目してみると、ただ単純に日常で行われていることが書かれている訳ではありません。紹介されている出来事、購入したもの、出会った人など、すべてが、渡辺さんという人間のパーソナリティを正確に伝えるための重要な要素になっているのです。

ここで、編集者・佐渡島庸平さんが漫画作品『宇宙兄弟』を担当していて感じたエピソードを著書から引用します。

『宇宙兄弟』の面白さは、4巻くらいを境にレベルが何段階も飛躍的に上がりました。（中略）なぜ、そんなにストーリーの作りがうまくなったのか？　成長した秘訣を知りたかったので、小山さんに理由を聞いてみると、こんな答えが返ってきました。

「実は最近まで、お話をつくらなきゃ、と思っていました。そうではなくて、自分は何が好きで、何が嫌いで、どういう絵を描きたいのか。それが最近わかってきたんです。読者がどんな展開だと喜ぶのかな？と考えるよりも、自分の好きな展開だけを入れていくようにした。そうしたら、そのほうが読者にとってもおもしろいみたいです」

（出典＝佐渡島庸平著『ぼくらの仮説が世界をつくる』（ダイヤモンド社、2015、p.172））

渡辺さんのブログを読んでいると、このエピソードをよく思い出します。

ここからは、私の解釈になりますが、作品が志向するエピソードや登場人物など、好き・嫌いがハッキリすればするほど、その作品の世界観が濃くなったり・伝わりやすいものになるということが起きると思います。佐渡島さん本人が「宇宙兄弟が面白くなったこと」と「好き・嫌いをハッキリさせること」の関連性についてまでは、著書の中で詳しく解説しているわけではありませんが、中途半端に型に収まるくらいなら目一杯振り切れてしまおうという意識は、読者にとって作品が面白くなったということにつながるはずです。

そうして、他者の作品との違いが明確になるほどに『宇宙兄弟』の放つ存在感は大きくなり、数多ある作品の中から読者に選ばれる状況が生まれるのです。

「作家自身の好き」という視点がすべての要素に反映されつくられている漫画作品を、建築分野で喩えると、そのコンセプト・思想が、平面や断面からディテールに至るまで通底されている状態、と言えるかもしれません。世界の中で傑作と呼ばれる建築には間違いなく、そのような側面があると思います。

話を戻しましょう。私は、渡辺さんのブログにも共通の感覚を覚えます。

改めて渡辺さんのブログを見てみると、自身の趣向で選ばれたプロダクトや玩具などが多数登場するこ

渡辺隆建築設計事務所
www.tawatana.be

BLOG

08.25.2017

夏休みの模型店。

渡辺事務所で常備している「タミヤカラースプレー」のアルミシルバー（TS17）が底をついてしまい、どうしてもすぐに必要で、磐田市内の様々なお店をハシゴしたものの手に入らず・・・

浜松の模型店でようやく入手。

そのお店は50年の歴史があるそうで、ずっとお店を守ってこられたおばあちゃんと、誰もいない店内で昔話に花を咲かせてしまいました。

ガンプラが小中学生に流行っていた時代（私が子供の頃です）は、新しいガンプラの発売日には行列ができたり、夏休みには子供たちが買う訳でもなくお店に入り浸っていたり．．．

今では、子供たちの来店が本当に少ないそう。

マニアックな大人が遠方から来ることはあるそうですが・・・。

気が付いたら、なぜか昔懐かしいおもちゃをひとつ買ってしまっていました（笑）。

ハイコンプリートモデル（完成品プラモデル）のネオファム（「銀河漂流バイファム」というアニメに登場するロボット）。

12.2017
11.2017
10.2017
09.2017
08.2017
07.2017
06.2017
04.2017
03.2017
02.2017
01.2017
12.2016
11.2016
10.2016
09.2016
08.2016
07.2016
06.2016
05.2016
04.2016
03.2016
02.2016
01.2016
12.2015
11.2015
10.2015
09.2015
08.2015
07.2015
06.2015
05.2015
04.2015
03.2015
02.2015
01.2015
12.2014
11.2014
10.2014
09.2014
08.2014
07.2014
06.2014
05.2014
04.2014

渡辺さんのパーソナリティが強く投影されたブログ

とに気がつきます。このようにブログの記事は、渡辺さんの「好き」が強く反映されたものばかりなのです。また、ブログに登場する人たちも、渡辺さんと親交が深い方々がほとんどです。

渡辺さんという建築家のパーソナリティが強く投影された記事を継続的に閲覧しているブログの読者たちは、たとえウェブ上であったとしても、渡辺さんのことを建築だけでなく多様な世界観を共有した、ある種友人のように親しみを持てる存在であると認識しているはずです。そして実際に渡辺さんの「好き」に強く共感する方々が、オープンハウスに足を運んだり、仕事を依頼するというような状況が起きています。

ブログを通じて自身のファンを増やし、未来のクライアントと出会うためのウェブ発信になっていると言えるのです。

インターネットが普及して以降、住宅を建てようとする人たちに膨大な選択肢が提示される状況が続いています。ハウスメーカーや施工会社ももちろん、ウェブを使用し、自社の商品の強みを発信していきます。そのような状況のなかでも「選びたくなる存在」であることを意識したウェブ発信が重要です。今までは、その差別化の要素が、設計した建物のヴィジュアルに限られていたように思います。

もちろん、建築家の強みの一つは、視覚的に美しく豊かな空間をつくることなのは間違いありません。しかし、ウェブをより工夫して使うことで、さらなる強みを積み重ねることができます。

渡辺さんのブログは、その一例と言えます。渡辺さんは、『新建築』や『住宅特集』といった数々のメディアに作品が掲載された実績のある建築家です。もちろん、それだけで依頼を決めるクライアントもいるでしょう。しかし渡辺さんは、もっと距離を縮めることに可能性を見出しました。ブログは、ご自身のパーソナリティも含め、クライアントとの関係性を築いていきたい、という渡辺さん自身の意思表示です。その一貫した姿勢が未来のクライアントに選ばれる要因となっているのです。

―実際にお話を伺って―

渡辺さんは、実際に会ったご本人の印象とブログを読んで感じる印象が、違和感なく一致する方です。それは渡辺さんのウェブ発信が、自身の建築家としての特質を伝えることに成功しているからです。クライアントの中には、渡辺さんのウェブを読み「自分と全く同じ感性を持っている!」と喜んで依頼してくれる方もいたそうです。

渡辺さんのもとには、建築家に設計を依頼したいけどハードルが高そう、ハウスメーカーの住宅ではもの足りないといった人が、ホームページやブログを閲覧し、「相談しやすそう」「話を親身に聞いてくれそう」と問い合わせをしてくるケースが多々あるそうです。建築設計のスキルに加えて、自身の強みとなるであろうパーソナリティも、ウェブで発信してみる。〝同じ感覚〟を持つ未来のクライアントが、画面の向こう側で親近感を持ってくれるということが、実際に起こっています。

興味深かったのは、渡辺さんがブログを執筆する際に気をつけている「ルール」です。具体的には、文章中において「だが」を極力使わず「けれど」を使うということ。映画などの話を書いても、その「良し」「悪し」を書かないようにすること、などです。文章のリズムや言い回しに気をつけることでブログ全体の雰囲気が整い、その世界観がより伝わりやすくなるのではないかと語っておられました。「ブログのみで仕事につながることはなく、設計実績ありきだと思う」と言いながらも、「ブログはなくてはならないもの」と言う渡辺さんにとって、自身のブログは「セレクトショップ」のようなものだと言います。自身が関心のあるもの、好きなものを集めて紹介していくことで、自身の人となりを伝えることができるという認識を持っておられるようでした。

10年近く高い頻度で更新を続けてきた渡辺さんですが「継続」という観点でも、渡辺さんらしい方法が存在しているようです。たとえば「本日の音楽」というミニコーナーが各ブログ記事の最下部に毎回掲載されています。渡辺さんは独立する前から音楽が好きで、CDを収集することを趣味にしており、独立時に千枚を超えるコレクションがあったことによるものだそう。自身が好きな音楽の話題だったら、継続して書き続けられるだろうという意識があり、このような形式を考えたのだとか。

どんな人でも、大なり小なり渡辺さんにとっての音楽のようなものを持っていると思います。自身が無意識のうちにでも集めてしまうもの、どうしても好きなものを再認識し、ブログの内容に反映させることができれば、楽しみながらも継続した発信が可能になるはずです。

関連性の高い理論パート

#

#ウェブなら作品以外の自身の良さもアピールできる（p. 64）#継続が前提の世界（p. 69）#一にも二にも継続。自分ができることから逆算して発信内容を考えよう（p. 70）#「楽」にできるという視点が重要（p. 72）#ファンの心を掴むことが、大きなメリットを生む時代（p. 73）#仕事を依頼するのは、あなたの「ファン」だから（p. 75）#ネットでは広範囲での「ファンづくり」がだれでもできる（p. 76）#「ファン」を増やすことはウェブ上での営業活動でもある（p. 77）#数字だけを稼ぐことは実は簡単（p. 83）#自分が伝えたいことは、全体のバランスを見て発信する（p. 93）

第11講

相波幸治さん（相波幸治建築設計事務所／シモガモ不動産）京都府

建築家・不動産会社・ホームインスペクション、三者三様の発信チャンネル

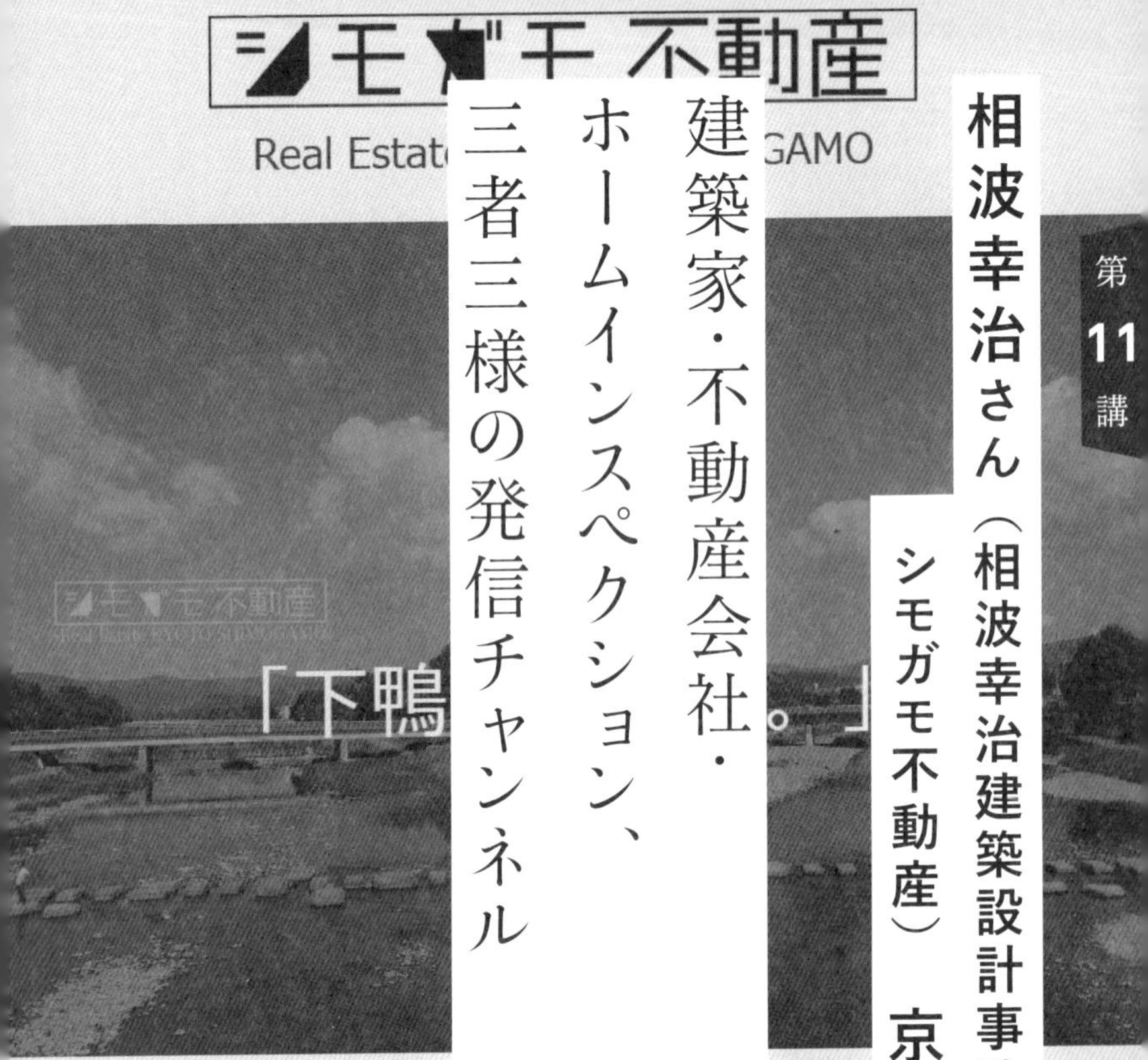

相波幸治建築設計事務所 http://www.aibakoji.com/

シモガモ不動産 https://peraichi.com/landing_pages/view/shimogamo

京都のホームインスペクター http://inspectionkyoto.hatenablog.com/

相波幸治（あいば・こうじ）

建築家、相波幸治建築設計事務所主宰。1976年生まれ。2004年京都工芸繊維大学大学院修了。RCR Arquitectes、仙田満＋環境デザイン研究所を経て2014年より現職。

三つのチャンネルを持つ建築家

２０１７年に、相波さんとお話をする機会がありました。現在、相波さんは、京都を拠点としながら「相波幸治建築設計事務所」「シモガモ不動産」「京都のホームインスペクター」という三つの屋号を持ち仕事をしているとのことでした（シモガモは京都の地域の名称「下鴨」をカタカナ表記したものです）。

相波さんは、２０１７年にプリツカー賞を受賞した建築家・ＲＣＲアーキテクツ（RCR Arquitectes）や、仙田満＋環境デザイン研究所にて実務経験を積んでいます。建築家の王道の道を歩むような相波さんのプロフィールを見ていた私には「不動産」や「ホームインスペクション」というワードに意外性を感じましたが、話を伺うにつれて、その活動にどんどん興味が増していきました。話の中で最も驚いたのは、現在、建築家のサイトからよりも「シモガモ不動産」のサイトを通したの問い合わせの方が多いことです。そして、不動産仲介から始まった仕事が、そのまま改修や新築の仕事にもつながることもあると聞きました。

私自身、「アーキテクチャーフォト」や「アーキテクチャーフォト・ジョブボード」「アーキテクチャー・フォトブックス」という複数のチャンネルを持って活動していることもあり、その姿勢に共感すると共に、建築家が、「設計」だけでなく、隣接する分野である「不動産」「ホームインスペクション」という領域も手掛けるということに、何か新しい可能性も感じたりしました。

そして、ウェブ発信という視点においても相波さんの方法は興味深いものです。相波さんの「建築」「不動産」「ホームインスペクション」というに三つの活動は、ホームページもはっきりと三つに分けられていて、それぞれのデザインや発信方法が全く異なっているのです。それを見て、相波さんが建築家のチャンネル・不動産会社のチャンネル・ホームインスペクターのチャンネルをウェブ上でも意識的に使い分けているのだと確信できました。

一人の建築家が「チャンネル」を意図的に増やすこと、使い分けの方法、発信の仕方を知るうえで、相波さんの活動は大きなヒントとなるでしょう。

建築家・不動産会社・ホームインスペクターの三つのサイトでクライアントと出会う

「建築設計」「不動産」「ホームインスペクション」と明確に異なる三つのチャンネルを持っていることは、ウェブ発信において大きなメリットがあります（もちろん相波さんが資格を取得し三つの業務を行っているということは大前提ですが）。

ウェブ上での人の流れはワード検索がつくっていると言っても過言ではありません。何かを調べたり探したりする人は、まずGoogleやYahoo!などを利用し、検索して目的に辿り着くことが一般的だと思います。

そのプロセスを想像してみます。たとえば、建築家を探している方は、「京都　建築家」というように複数の単語を組み合わせて検索するでしょう。その結果として、複数の建築家のホームページがリストとして表示され、その中にある、相波さんの建築家としてのホームページ「相波幸治建築設計事務所」に辿り着くということが、まず考えられます。これは、建築家が未来のクライアントとウェブ上で出会う一般的なプロセスだと言えます。

さらに、相波さんの場合「シモガモ不動産」のホームページも持っています。建築家を探す人たちとは別に、ウェブを活用して土地を探している人たちも存在するでしょう。その中でも、京都の、特に下鴨に住もうと考え土地を探している人は、「京都　下鴨　不動産」というように、ワード検索を行うはずです。その検索から今度は、「シモガモ不動産」のホームページに辿り着く人もいるのです。

また、すでに築年数の経った住宅に住んでいる人や、中古住宅を購入することが決まっている人たちは、「京都　ホームインスペクション」などのワードで既存住宅を診断してくれる人を探すでしょう。

つまり、三つチャンネルでウェブ発信することで、ウェブ上で相波さんに辿り着く経路が増え、未来のクライアントに出会う可能性が高くなっていると言えるのです。

具体的に言えば、建築設計の仕事を依頼したい人からの問い合わせに関しては、「相波幸治建築設計事務所」のサイトがその窓口になり、土地などの不動産物件を探す人に関しては「シモガモ不動産」のサイト、ホームインスペクションを依頼したい人に関しては「京都のホームインスペクター」のサイトが、その窓口になっているということです。そして、重要なのは、最終的に辿り着く先がどれも相波さんだということです。

相波さんの場合は、「設計」「不動産」「ホームインスペクション」という三つのチャンネルでしたが、建築家が、通常行っている業務を、自身のもう一つの別のチャンネルとしてウェブ発信することも十分に可能だと考えています。

たとえば、行政からの補助金などの仕組みも整っている在来木造住宅の「耐震補強」などの業務を、自身の建築家としてのホームページと切り離して考えるとその可能性はとても多様です。

建築家としてのチャンネルと、耐震補強の専門家としてのチャンネルをウェブ上ではっきりと分けてしまう。そうすることで、それぞれに特化したウェブ発信が可能になり、耐震補強のチャンネルでは、幅広く耐震補強に興味のある層に情報を届けることができます。相談を受けた結果、それが新築の設計業務につながる可能性もあるでしょう。このように、自身が行っている建築設計とは異なる部分を新たなチャンネルとして、未来のクライアントに出会う可能性を高められるのも、多様な発信が可能なウェブならではです。

また、このウェブ上でのチャンネルを増やすという行為ですが、これは、建築家が複数のＳＮＳを同時並行的に使用するメリットに近いとも言えます。

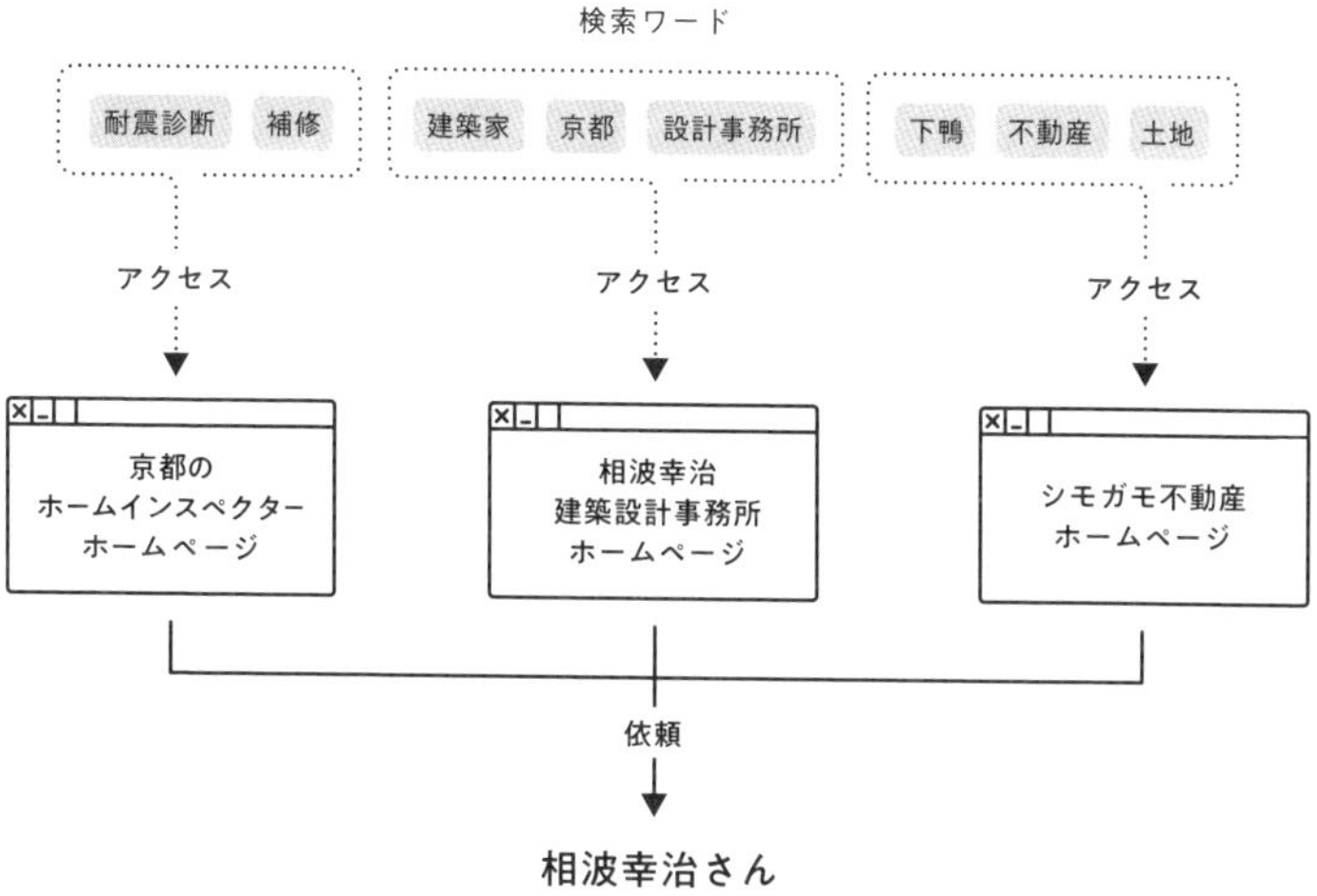

ウェブ上の3つのチャンネルから依頼がくる

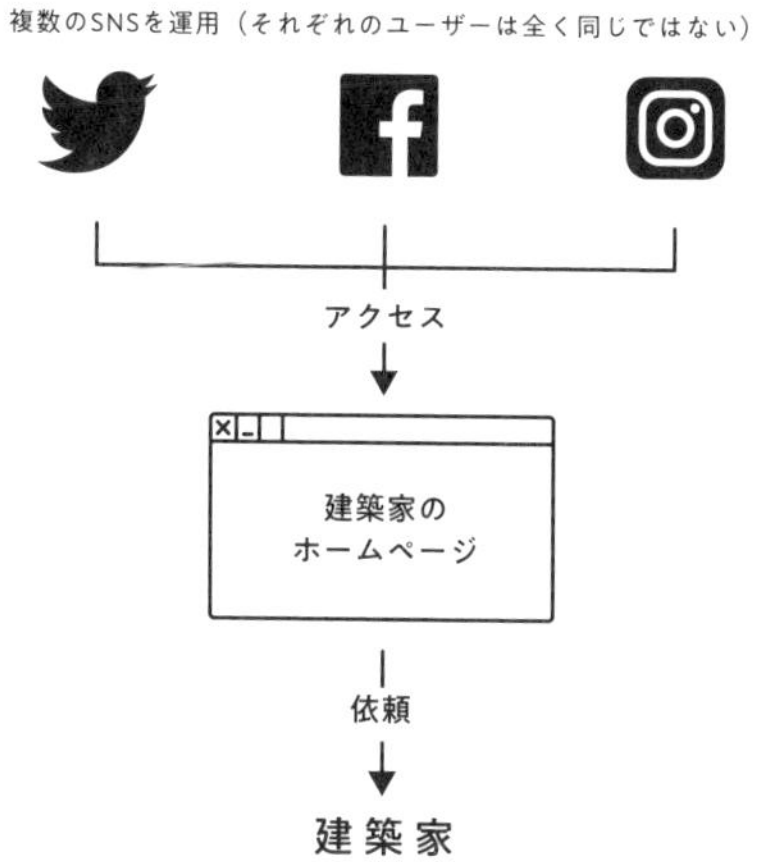

SNSの活用もチャンネルを増やすことに等しい

Twitter、Facebook、Instagram などSNSは複数ありますが、それぞれ使用する層が異なりますし（たとえば今の10代はFacebookを見ないと言われています）、特色も違います。複数のSNSを使用し、自身の情報を発信していくことで、最終的に自身に辿り着く経路を増やすことが可能になるのです。アーキテクチャーフォトでも、Twitter、Facebook、Instagram、LINE＠など情報発信のチャンネルをできるだけ増やし、最終的に到達する場所をホームページとすることで、自身のサイトへの流入経路を増やすように意識しています。

同じ素材を、対象者の違いに合わせて編集する

相波さんのウェブ発信でもう一つの興味深い点は、「相波幸治建築設計事務所」「シモガモ不動産」の二つホームページ上で使われている資料が同じであるにも関わらず、その使われ方は、それぞれのホームページに合わせて適切に加工されていることです。順に説明していきたいと思います。

まず「相波幸治建築設計事務所」のホームページを見てみます。

「AIBA KOJI ARCHITECTS」とアルファベットでタイトルが記載されており、シンプルなレイアウトで、経歴、お問い合わせ先、過去の設計実績などが1枚にまとめられています。

トップページの「Photos」という部分をクリックすると過去の作品写真を、より大きく閲覧することが

できるようになっています。これは、一般的な建築家のホームページのフォーマットに沿っていると言えるでしょう。作品写真・経歴・連絡先は、建築家のホームページにある基本的なコンテンツです。つまり、オーソドックスな建築家のホームページの形式を意図的に踏襲しているサイトであると言えます。このサイトを訪問した人は、建築家のホームページを見ているという印象を受けるでしょう。

次に、「シモガモ不動産」のホームページを閲覧してみます。

こちらは「相波幸治建築設計事務所」と異なり、より一般に向けて、クライアント層が閲覧しやすいということを意図したサイトであることがひと目でわかります。

まず、わかりやすい文字の大きさです。加えてシモガモ不動産という屋号を、より一般に親しみのあるロゴとしてデザインして表示していたり、京都・下鴨を象徴するような鴨川と高野川の合流する場所である三角州の写真をアイキャッチとして使うなどの一般層に向けてウェブ発信する配慮がなされています。

二つのサイトを比較してみましょう。よく見ると両者には、同じ過去の設計実績が紹介されています。しかし、それぞれのサイトによって写真の使い方は異なっています。

「相波幸治建築設計事務所」のサイトでは、そこに掲載されている住宅の写真に、プロジェクトの背景についての解説は記載されていません。これは、建築家の「作品」として写真の中の建築の造形を閲覧者に見てもらう意図でつくられていると言えます。つまり「学問としての建築」を提示する姿勢が見られます。

一方「シモガモ不動産」のサイトでは、同じ住宅の写真が掲載されているものの、背景にある物件データなどの文字情報を充実させています。リノベーション物件に関しては、その築年数や補助金の情報など、意匠的な情報のみではなく、一般的なクライアントが知りたいであろうお金などの情報が掲載されています。

つまり「相波幸治建築設計事務所」のホームページでは、建築家としての切り口で資料を整理し、建築家に設計を依頼したい層や、建築業界に向けて発信していて、「シモガモ不動産」のホームページでは、よりプロジェクトの背景やコストや予算にまつわるトピックを含む不動産視点で、不動産を探す方々に対してに発信が行われているのです。

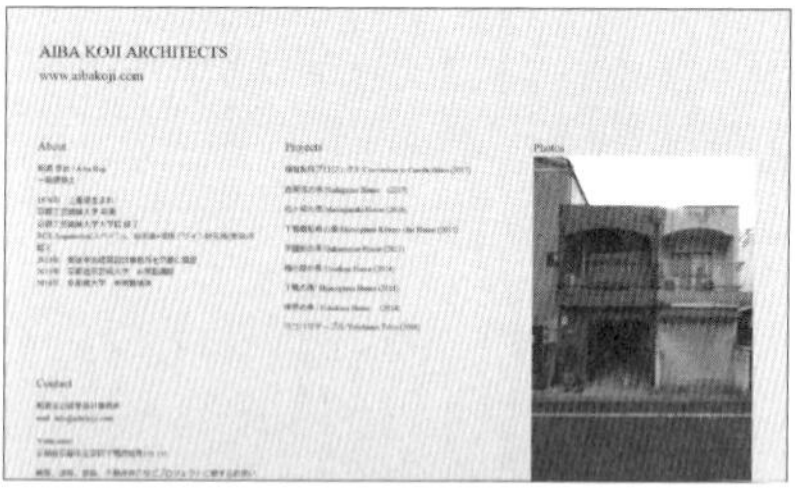

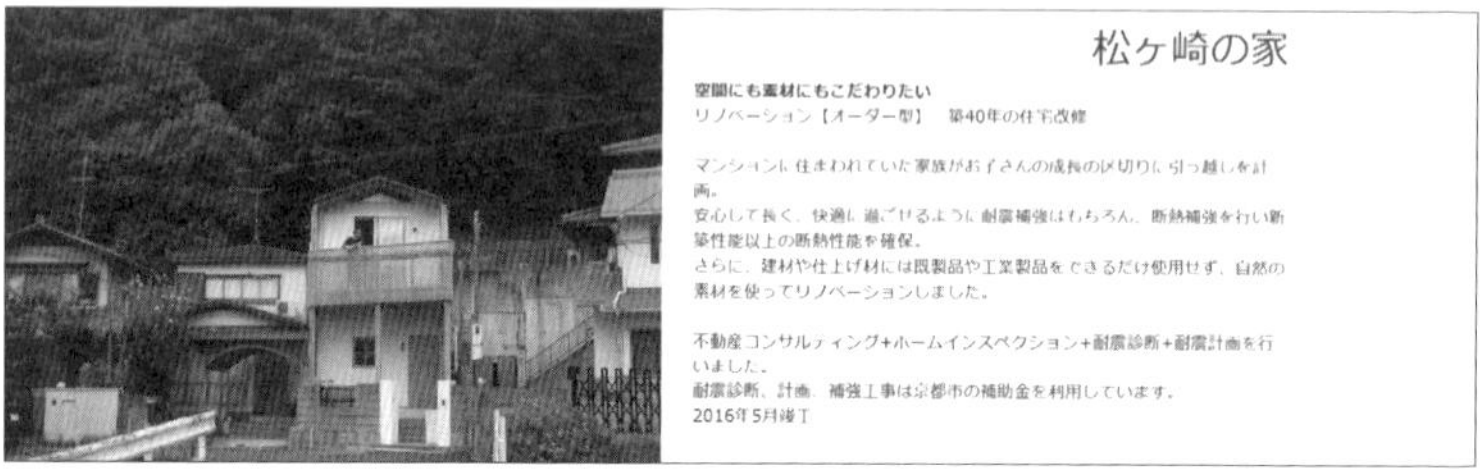

相波さんの二つのサイトを比較
（上:建築家としてのホームページ、下:不動産会社としてのホームページ）photo by 石川奈都子

相波さんのように情報の受け手を想像して、自身の仕事におけるどの部分を、どのように見せるかに意識的であることはとても重要です。ある一つの事実があったとしても、その伝え方・発信の仕方というのは一つではありません。どこに注目するかによって発信方法は無数にあると言えます。

たとえば、1件の住宅を紹介する場合、どんな切り口が考えられるでしょうか？

「建築作品」という視点で、ヴィジュアル面を重視して紹介することも可能ですし、「建材」という視点で、実際にどのようなメーカーの建材が使われているかを語ることもできます。また「法規」という視点で、建築設計の背景にある建築基準法がどうデザインに影響したかを説明することもできるでしょう。そのほかにも様々な視点が存在すると思います。このように、一つの住宅でも切り口を変えれば全く異なるプレゼンテーションが可能なのです。

ウェブ発信において、自身の作品をどのような視点で表現し差別化するかというのは必ず考えなければいけないことですが、相波さんのように複数のチャンネルを持って活動する場合には、より意識的にならなければいけない部分だと言えます。

また、改めてになりますが、それぞれが、ウェブ上でハッキリと分けられていることも重要です。

仮に、相波さんが「相波幸治建築設計事務所」のウェブサイトの中で不動産業務やホームインスペクションの説明をしていたらどうなっていたでしょうか。そのホームページのコンテンツ・デザインを、

「建築家」「不動産会社」「ホームインスペクション」のどこに合わせるかという問題が浮上します。どれかに最適化すれば、そのほかの活動の良さが伝わりにくくなるでしょうし、また、すべてを融合するデザインをしたとしても、どっちつかずで中途半端なものになってしまう可能性が高いはずです。

―実際にお話を伺って―

相波さんとの対話の中で気づいたことは、相波さんが、自身の三つの活動のすべてに使命感を持っているということです。

「今までの建築家の活動の枠の外にもやるべきことがある」と相波さんは言います。単に仕事の量を増やすために間口を広げているのではなく、それぞれの活動にしっかりとした意義を感じているからこそ、同時並行的行っている三つのウェブ発信が可能になっているのだと確信しました。皆さんもチャンネルを複数持つ場合には、自身の中に使命感があるか、ということが判断のポイントになると思います。

また、三つのチャンネルで発信するというのは、間口を広げるための手段だと言えるのですが、それぞれのチャンネルでの発信は、かなり意識的に対象を絞っている、とのことでした。

シモガモ不動産のホームページを見ると、相波さんの言葉の意味が理解しやすいのですが、不動産会社のホームページであるにもかかわらず、物件情報が全く載っていないのです。これは不動産会社のサイトとしてはかなり特殊だと言います。しかし、下鴨に特化していること、建築家が行っていることを強く謳っています。するとほかの不動産会社では満足できなかったクライアントが、最終的に辿り着く場所として機能しはじめるのです。下鴨に強いこだわりを持った相波さんと相性のいいクライアントからの問い合わせが多く、一般的な不動産会社の成約率が約2割と言われるなか、シモガモ不動産は、約8割という高い成約率を誇っているそうです。これは、営業時間を短縮するというメリットや、仕事上のコミュニケーションが円滑に行えるというメリットも付随しているとのことでした。

不動産・ホームインスペクションの仕事が建築設計の仕事につながる・変わることがあるということは本文中でも触れましたが、設計以前よりクライアントと多くの時間を共にしているため、すでに信頼関係が十分に構築された状態になっているのもメリットだそうです。しっかりコミュニケーションしたうえだと集中して設計にも取り組むことができると語ってくれました。

チャネルを複数持つことは、ウェブ発信だけでなく、副次的なメリットを多く生み出し、結果として〝設計力〟を存分に発揮できる状況をつくりだしてくれるのです。

関連性の高い理論パート

#

#「建築の表現」と「ウェブ発信」を一致させる（p. 65）#数字だけを稼ぐことは実は簡単（p. 83）#だれに届けたいかで発信の仕方は変わる（p. 87）#情報の受け手が知りたいことを発信する（p. 91）#様々な価値感を良し悪しではなく違いと考える（p. 94）#ワード検索の仕組みを理解する（p. 96）

川辺直哉さん（川辺直哉建築設計事務所） 東京都

訪問者を楽しませるオリジナルなサイト開発

photo by 鈴木研一

川辺直哉建築設計事務所 NAOYA KAWABE ARCHITECT & ASSOCIATES

http://www.kawabe-office.com/

川辺直哉（かわべ・なおや）

建築家、川辺直哉建築設計事務所代表。1970年神奈川県生まれ、1994年東京理科大学工学部建築学科卒業。1996年東京芸術大学大学院修士課程修了、1997年より石田敏明建築設計事務所。2002年に川辺直哉建築設計事務所設立。

賃貸集合住宅という強みを持ち、独自の発信をする建築家

私が川辺さんの存在を知ったのは２００７年ごろです。建築家を多く起用することで知られている不動産会社のホームページ上でした。建築家の志向するデザインとクライアントの求めるデザインのバランスが絶妙で、数多くの集合住宅を手掛ける川辺さんの活動は印象的でした。その後、アーキテクチャーフォトを本格的に立ち上げ、色々な建築家のホームページを閲覧するようになるのですが、なかでも川辺さんのホームページの印象はとても大きく、今でもその時のことは記憶しています。

川辺さんのホームページには、左上に「Platform」と大きく書かれています。まず、建築家のホームページで、自身の設計事務所の屋号が最も大きく表示されていないというところに衝撃を受けました。建築家のホームページの左上には〝屋号〟が記載されているのが一般的です。ウェブページ上の最も閲覧者の目に入ると言われているこの左上に、屋号ではなく「Platform」と記載することにした川辺さんのウェブ発信はどのような意図があるのか、考えていきたいと思います。

自身の活動を客観的な視点で見せる

川辺さんのホームページの一番の特徴は、建築家個人のホームページであるにもかかわらず、建築メディアのホームページのような体裁をとっていることだと言えます。設計事務所名よりも上に

「Platform」と表示することで、川辺さんが主体的に更新するページというよりも、第三者が運営している建築に関するメディアサイトのような印象を受けます。

川辺さんのホームページの右上にはこのような記載があります。

「Platform」は川辺直哉建築設計事務所が中心となり、住まいに関する情報や企画、身の回りの出来事や日々の活動報告などを、フラットな情報として共有していくためのサイトです。

（出典＝http://www.kawabe-office.com/）

つまり川辺さんはこのホームページを、自身が編集長になり、自身の建築だけでなく、関連する出来事やそのほかの情報を、客観的な視点で発信していくための場所と位置づけています。

自身の活動や身の回りの出来事を〝客観的〟に発信するという切り口は、とても面白いと思います。建築家にとってホームページとは、自身のPRツールであり、ほぼすべての情報が自身にまつわることです。そのようなつくり方は間違いではありません。しかし、唯一の答えでもありません。

メディアサイトの体裁をとることで、自身の建築作品以外の情報も発信し易くなりますし、建築家の自己PRの場としてだけでなく、ホームページ自体が読み物として、未来のクライアントに日々閲覧されていく可能性も秘めていると言えます。

投稿されている記事は、川辺さん自身に関するものが多いのですが、今後、川辺さんの視点で選ばれた、建築に関する様々な情報が増えていけば、住まいに関するポータルサイトとして展開していくことも可能です。住宅や賃貸集合住宅に関する情報を調べるなかで川辺さんのホームページを訪問し、クライアントになる方が出てくることも十分あり得ると思います。

新鮮な情報を最大限に伝えるサイト構成

川辺さんのホームページを開いてみると、トップページの「Topics」というコーナーに、作品写真・イベント情報・メディアの掲載情報などがフラットに並びます。ホームページを訪問した人が常に新鮮な情報に触れられるページ構成です。このように建築〝作品〟を中心に据えないホームページのつくり方も興味深い側面です（建築家のサイトの多くは、トップページでできるだけ自身の建築作品を見せる構成を採用しています）。

建築家の仕事は、完成までに長い年月を要するものです。住宅規模の仕事でも、設計の開始から竣工まで数年かかることもあります。仮に、建築雑誌のように作品完成時のみにホームページを更新して竣工写真を追加していくという方式をとったとすると年間に数回、多くても数十回しかホームページに新しい情報が加えられないということになってしまいます。これは効果的なウェブ発信とは言えません。ウェブの世界は、継続的に更新して日々新しい情報を追加していくことで閲覧者が増えていくということは2章でも説明したとおりです。川辺さんのホームページのつくり方は、それに対する一つの答えを提示していると言えます。

建築作品をホームページのコンテンツの中心に据えれば据えるほど、ホームページの更新が反映されづらくなり、閲覧者にとっての新鮮さが薄れるホームページになります。川辺さんのホームページは、全体をメディアサイトのような体裁とし、建築作品だけでなく、施工中の風景や関連する情報、イベント情報を等価なコンテンツとして扱っていくことで、常に新鮮な情報を提供することに成功しているのです。

建築家のホームページ内にブログコーナーが存在する場合には、そのブログが日々更新され未来のクライアントや閲覧者に向けて、新鮮な情報を提供する場として機能している、というケースをよく見ます。川辺さんのホームページは、それをさらに進化させたものと言っていいでしょう。

もちろん、このようなホームページのつくり方は、川辺さんの建築家としての特質・仕事のスタイルに合っているから成り立ちます。常に新鮮な情報を継続して投稿していくことができず、更新が止まってしまうと、このような形式は逆効果にすらなってしまいます（長らく更新されていないことが日付より閲覧者に認識されてしまいます。更新が放置されていることから、事務所の運営が行われていないと思われてしまう場合も出てくるかもしれません）。繰り返しますが、自身ができることや発信できる強みを考慮していくことが、建築家のウェブ発信の基本です。

自身の活動にあったオリジナルのカテゴリーをつくる

川辺さんのウェブ発信でさらに注目すべきポイントは、ホームページに記載されているカテゴリーが独自のものであるという点です。

川辺さんのホームページを見ていきましょう。

メインとなるカテゴリーは「住宅を建てる」「賃貸住宅を建てる」「リノベーション」「プノンペン」「ダイアリー」です（2018年1月現在は新しいカテゴリーに改編）。メインとなるカテゴリーは、川辺さんの仕事内容や強みに合わせて独自の表現が採用されていることがわかります。その右上部により小さな文字で「works」「掲載誌」「入居可能物件」「Kawabe Office」「アクセス」「問い合わせ」と記載された一般的なカテゴリーも存在していますが、これらは、通常の建築家のホームページでも使用されるワードを意識的に採用することで、建築家としての川辺さんの活動を知りたい人への補足的な意味合いで設置しているのでしょう。

つまり、川辺さんは「works」「about」「contact」というような表記が並ぶ「建築家らしいホームページ」の要素を排除しています。意図的に「らしさ」を踏襲する戦術をとる方もいるでしょう。しかし、根拠なくそのフォーマットを踏襲することはお勧めしません。

おそらく大多数の建築家の皆さんには、「works」「about」「contact」というカテゴリーよりも、自身の建

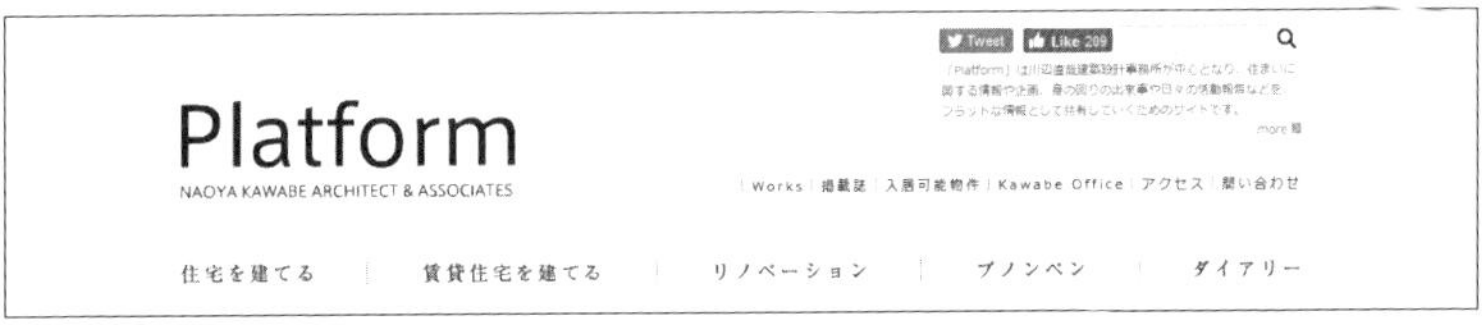

川辺さんオリジナルのカテゴリー(2017年8月時点)

築家としての活動に独自性を見出し、閲覧者に適切に伝えるための、最適なカテゴリー表現があるはずなのです。

川辺さんのホームページのメインカテゴリーを改めて見てみたいと思います。特に「住宅を建てる」「賃貸住宅を建てる」を見れば明らかなように、未来のクライアント目線でカテゴリー名が決められています。そして「住宅」と「賃貸住宅」が分かれていることもポイントでしょう。これは、川辺さんの今までの経歴からくる強みを表現するための方法だと言えます。川辺さんの経歴を改めて見てみると、実際に賃貸集合住宅を数多く手掛けていることが分かります。住宅と賃貸住宅とカテゴリーを意図的に分けることで、多くの大規模な賃貸集合住宅の設計実績という強みがあることを、違和感なくホームページ上で表現することができます。

住宅と賃貸集合住宅では、そのクライアントが重なることはまずありません。あらかじめカテゴリーを別にすることで、それぞれのクライアントに適切に情報が届くようなホームページの構造になっているとも言えます。自身の未来のクライアントを想像し、適切に自身の情報をウェブ発信しようとする川辺さんの姿勢が感じられます。

川辺さんの場合、賃貸集合住宅に関する豊富な実績があるからこそ「賃貸住宅を建てる」という独自のカテゴリーが、その強みを表現するウェブ発信の方法となっています。では皆さんがこれからこの分野を仕事としたい、力を入れていきたいというジャンルをホームページ上でわかりやすく表現するにはどうすればよいでしょうか？

そもそも建築家が手掛けるビルディングタイプには様々なものがあります。それを「works」というカテゴリー内にまとめてすべて「建築作品」であるという見せ方をすること自体に、疑問すら感じてきませんか？　もしほかの建築家と差別化した要素やこれから力を入れたいジャンルがあるならば、それを独立させて、川辺さんが「住宅」と「賃貸住宅」を分けたように、一つのカテゴリーとして独立させてしまうことも考えられます。

たとえば、医療関係の施設に力を入れたい場合には、「works」から独立させて個別に「medical architecture」というような特別なカテゴリーをつくっても良いと思います。こうすることで、ホームページの訪問者に自身の強みを、違和感なく伝えることができるようになります。

依頼を待つだけでなく積極的に目指す方向性を打ち出していくことで、未来のクライアントとの出会いやすさは格段に上がるはずです。

―実際にお話を伺って―

川辺さんは、自身が建築家として活動していくなかで、紙媒体の建築雑誌がなくなっていく状況を目の当たりにし、作品発表の媒体がなくなるかもしれないという危機感を覚えたと言います。それが、自身が本格的にウェブ発信に力を入れ出したきっかけだそうです。また、当時自身が40代を迎え周りの建築家が次々に個性を活かした実績をつくっているなか「ほかの建築家にない強みをはっきりさせないと、仕事がなくなるのではないか」という意識も強く、力を入れていた賃貸集合住宅の実績をメインにした独自のウェブ発信を思いついたといいます。

ホームページ開設当初は一般的な建築家のホームページを踏襲したようなデザインだったそうですが、様々なメディアサイトを閲覧し、数年の構想を経て、川辺さんは現在のメディアサイト形式のホームページに行き着いています。

現在の形式は、トップページに最新の記事が認識されやすい形式のため、事務所の仕事が常に動いているということが、言葉にしなくても閲覧者に伝わっているという実感があるそうです。それは、ウェブを閲覧している人たちのなかに、仕事を多数手掛ける忙しい設計事務所という評判が生まれることで、一般的に言われる「仕事が忙しい人に仕事が集まる」という状況を生み出せているかもしれないとのことでした。

また、注目すべきは「住宅を建てる」「賃貸住宅を建てる」などの川辺さんのホームページを構成する独自のカテゴリーは、数年に一度マイナーチェンジが行われている点です。その時代時代で、求められるものも変わりますし、川辺さんの仕事の内容も変わっていきます。そのことを客観的に捉え、実験的にカテゴリー名を変更し続けているのだそうです。実際に、このカテゴリーの効果は大きく、賃貸集合住宅を建てたい方からの問い合わせや、川辺さんの賃貸集合住宅に住みたい方からの連絡も、ホームページ経由で来ると言います。

ちなみに、「プノンペン」というカテゴリーも、川辺さんの大きな企業から仕事の受注に貢献していきます。これまでのつながりからプノンペンに設計事務所を開設している川辺さんの活動は、「プノンペン建築」とGoogleで検索すると一番最初に登場します（2017年8月時点）。日本企業としてプノンペンで設計事務所を開設しているというほかにはない強みをウェブ発信することで、実際の仕事を得た実例だと言えるでしょう。

川辺さんのホームページは、未来のクライアントから未来の住まい手、そして現在川辺さんが一緒に仕事をしている人まで、あらゆる立場の人がフラットに立ち寄り、川辺さんの多岐にわたる活動を小さな社会の総体として確認しあうことができる場所なのです。

関連性の高い理論パート

#

#活動を俯瞰して他者と比べることで強みを見つける（p. 58）#ウェブなら作品以外の自身の良さもアピールできる（p. 64）#信頼されることが一番大事なこと（p. 80）#過去の発言のストックから「信頼できるかどうか」を読みとられる時代（p. 81）#自分が伝えたいことは、全体のバランスを見て発信する（p. 93）#ワード検索の仕組みを理解する（p. 96）

おわりに　「建築」と「建築家」をサポートするために

学生時代、「建築」と同じくらい「インターネット」にも魅了されました。そして、直感的に大きな可能性を感じ、またそれを信じ続けてきました。

すでにネットを使い「ウェブ発信」されている方には、よりウェブを適切に使用できるように、未だウェブを使用していない方には、その可能性が伝わるような執筆を心掛けました。

執筆中、ふとアーキテクチャーフォトの最初の投稿がいつだったのかアーカイブを見てみたところ２００７年５月に最初の投稿がありました。この書籍を執筆している２０１８年１月時点で約10年の年月が経っていることになります。

今振り返ってみても、この10年間は、危機感を背負いながらの独学と試行錯誤の連続でした。「建築の世界でどうしたら生きていくことができるだろう」それを常に考え続け、自分自身の居場所を探し続けました。10年間もがき続けた結果として、この書籍を刊行できたということは、何とかその場所に近づくことができたのかなという気もしています。

私が社会に出た２００４年と比較し、建築の世界の状況は大きく変わっています。建築家が建物を設計するだけでなく、新しい活躍の場を求めざるをえない状況もあります。それはたしかにネガティブな側面もありますが、建築の領域が拡張している状況と、ポジティブにも捉えられるはずです。そんな現代を生きる建築家にとって、「ウェブ」を適切に活用することは、どのような建築家にとっても、大きな武器になってくれます。建築系ウェブメディアというフィールドで10年挑み続けた私の知識やノウハウは、そうした領域の拡張にきっと役に立つのではないかと思っています。

今回の、3章執筆に関しては、9人の建築家の皆さんと分析執筆の後、それぞれ対話をしました。以前からそのウェブ発信に注目してきた建築家の方たちでもあるので、私にとっても改めてウェブの可能性を認識することができた意義深い学びの機会でした。

それぞれの建築家によって、見ている世界や目指すところは異なっています。しかし、すべての建築家に共通する特徴を見出すこともできました。それは次の三つに集約されます。

・自身の価値観を信じつつも、全く逆の価値観についても把握し理解しようとすること
・建築作品だけでなく、自身の周りのものすべてを、同じ哲学によって扱うこと
・常に社会の動きに敏感になり、自身の活動を相対化し、変化し続けること

私は、これらの姿勢に非常に共感します。そして、この姿勢が「ウェブ発信」において重要であると同時に、建築家としてこれからの社会を生き抜いていく際にも重要な姿勢だと感じています。

建築家にとって、社会の動きに敏感になり変化し続けることが重要だと書きましたが、私自身の活動も、常に変化させていきたいと考えています。これまでは建築メディア「アーキテクチャーフォト」とそれに付随するウェブサイトの運営を主たる活動としてきました。現在は、これをより発展させることに加え、さらに、直接的に建築家の皆さんの役に立てるような活動形態を模索しています。自身が魅了され続けている「建築」と「建築家」をサポートするために今後も努力を続けていきたいと考えています。

本書が建築家の皆さんにとって、ウェブを使いこなすヒントやきっかけになればこれほど嬉しいことはありません。ぜひ、自身の目的を達成するためにウェブを活用してください！

謝辞

本書は、様々な方々の協力やサポートのもとに成り立っています。

3章で紹介させていただいた9人の建築家の皆さんは、本書の趣旨を理解し、快諾の返事をくださると共に、貴重な時間を割いてお話を聞かせてくださいました。学芸出版社の岩切江津子さんは、私が執筆していたブログを発見して書籍執筆の場をつくることに尽力してくれたことに加え、本書の内容や方針、紙媒体での文章の書き方などを、丁寧にご指導くださいました。心よりお礼申し上げます。

これまでの、アーキテクチャーフォトの活動を理解し、作品を掲載させてくださった建築家の皆さん・知り合った建築家の皆さん、皆さんの作品を拝見し対話させていただいたことが、私自身の建築観を形成しています。そして、日々閲覧してくださっている読者の皆さん、その存在を感じることができたからこそ、活動を継続できたのだと思います。感謝してもしきれません、ありがとうございます。

静岡を拠点とする建築家の皆さん、日々対面する関係だからこそできる率直なやり取りが本当にかけがえのない学びの機会となっています。これまでの対話がなければ、この書籍に至る思考は生まれていなかったと思います。また、静岡を拠点としてビジネスを展開している繊維業界・法律業界・デザイン業界・ネットショップ業界の皆さんは、建築の世界を飛び出し対話するなかで、ビジネスの視点を強く意識させてくれました。貴重な経験に感謝しています。

父・母・弟たちには、日常の中で色々な意見を交わすことで、いつも多様な価値観を得るきっかけをもらっています。本当にありがとう！

妻・まゆ子は、「建築」に関わりのない人生を送ってきたにもかかわらず、色々な建築を訪問する際にも同行してくれ、常に一般社会の目線から感想を述べてくれます。それは私が、一番最初に対峙する一般社会と言えるもので、自身の建築観を相対化するきっかけを与えてくれています。いつもありがとう。

子どもたちは、日常において本当に手を焼く存在ですが、そのやり取りから間違いなく元気をもらっています。いつまでも変わらず素直に育ってください。そして建築に少しでも興味を持ってくれればうれしいです。

そして、数多ある書籍のなかで、手に取ってくださった読者の皆さん、本当にありがとうございます。この書籍を使って、誠実で適切な「ウェブ発信」をし、自身の目的を達成させてください。それは、結果として、建築家を取り巻く社会を変えることにもつながると思っています。同じ現代社会のなかで「建築」に関わるものとして、共に頑張っていきましょう！

２０１８年１月吉日　アーキテクチャーフォト　後藤連平

参考文献

ピーター・マークリ著（2008）「講演：古代建築について」『a+u08:01特集：ピーター・マークリ』エー・アンド・ユー、p.10-15

ピーター・マークリ著（1998）「言葉としての建築」『SD9802特集：都市へ向かう透明性：スイス・ドイツ語圏の建築』鹿島出版会、p.56

エルウィン・ビライ著（2016）「SUTDの現在－デザインシンキング、テクノロジー、ビジネス、実践的な思考を養う」『新建築2016年10月号』新建築社、p.24-27

長谷川豪著（2015）『カンバセーションズ』LIXIL出版

糸井重里著（2001）『ほぼ日刊イトイ新聞の本』講談社文庫

西澤明洋著（2014）『新・パーソナルブランディング』宣伝会議

高橋寿太郎著（2015）『建築と不動産のあいだ』学芸出版社

佐渡島庸平著（2015）『ぼくらの仮説が世界をつくる』ダイヤモンド社

佐渡島庸平・大原ケイ・今村友紀・山内康裕・羽賀翔一著（2015）『コルクを抜く』ボイジャー、Kindle版

中川淳著（2016）『経営とデザインの幸せな関係』日経BP社

著者

後藤 連平(ごとう・れんぺい)
architecturephoto.net編集長。2002年京都工芸繊維大学卒業、2004年同大学大学院修了。組織系設計事務所勤務の後、2007年小規模設計事務所勤務の傍ら、architecturephoto.netを立ち上げる。現在architecturephoto.net主宰。たった独り地方・浜松で始めた小さなメディアを、建築意匠という特化した世界で、月平均24万ページビュー以上(最高27万ページビュー)にまで育て、現在では、ひと月1万人以上が訪れる建築系求人サイト「アーキテクチャーフォトジョブボード」、古書・雑貨のオンラインストア「アーキテクチャーフォトブックス」の運営までを手掛ける。

建築家のためのウェブ発信講義

2018年4月10日　初版第1刷発行
2018年5月20日　初版第2刷発行

著　者　後藤 連平
発行者　前田 裕資
発行所　株式会社 学芸出版社
京都市下京区木津屋橋通西洞院東入
Tel 075-343-0811　〒600-8216
Mail info@gakugei-pub.jp
HP http://www.gakugei-pub.jp/
装丁・デザイン　UMA/design farm
(原田祐馬・山副佳祐)
印　刷　オスカーヤマト印刷
製　本　新生製本

ISBN 978-4-7615-2670-2